葛勤修撰

國學發凡

中華書局印行

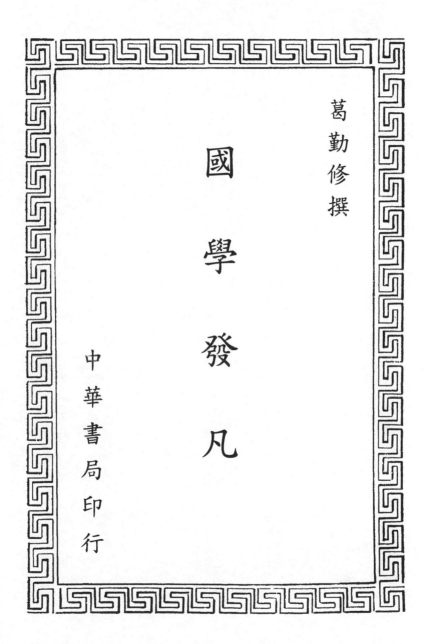

龔序

吾國學術，自孔子刪詩書，定禮樂以來，歷經春秋戰國百家齊鳴，兩漢經學，各傳師說，他如魏晉之詞章，唐之詩歌，宋明之理學，金元之戲曲，名世之作輩出，學術之分類日繁，故歷代學者，能博通諸家，兼備眾藝者，自左丘明、司馬遷、劉知幾、鄭樵、馬端臨、紀昀而外曾不數數覯。

及遜清末葉，西學東漸，聲光電化之料，與經史文字之學，同列學校，學童自束髮受書，即須中西並重，不惟不能偏廢，且每重彼而輕此，以致治國學之時間日少，造詣亦日淺，數千年賴以立國之民族文化，幾欲與旁行斜上之文字並重，而不可得矣！數典忘祖，積久而國學駸衰，乃有識之士，所不勝浩歎者也。

吾友萊陽葛君一民，積學士也。深以一般學子之國學凌夷為慮，思有以救之，教席之暇，著為國學發凡一書，凡經史諸子，下逮詩歌戲曲小說各家論著，均撮而述之，提要勾玄，以為初學之入門，使汗牛充棟之典籍，以吉光片羽之引述，洵治國之津梁，教導後進之寶筏也。

值此舉國上下，高唱文化復興之際，莘莘學子，果能人手斯編，時加誦習，其效可當十年寒窗之功，更不必皓首窮經，曠日費時，顧其一而失其餘矣。是為序。

中華民國五十八年春滋陽龔舜衡書於台北碧潭

王序

我國五千年來，有識之士，著書立說，褒善貶惡，以維繫世道人心於不墜者，代不乏人，此即所謂中國之固有文化，亦即學者所應研究發揚之國學也！惟上自聖經賢傳，下至諸子百家之說，古今典籍林立，學者每有望洋之歎，其散見於其他著述者，亦東鱗西爪，不足以覘國學之全貌，以是從事研究國學者，淺嚐輒止者有之，半途而廢者有之，無他，卷帙浩繁，一一卒讀為難也。己酉夏，吾鄉一民葛君，以手著國學發凡一書，矚予為序，展誦一過，全書共分十章，章各有節，自經史詞曲以及戲劇小說之類，凡歷代有關文化著作，撮要紀事，萃輯於一書；且於淵源派別與夫作者之身世志趣，無不條分縷析，瞭如指掌，不禁掩卷歎曰：此誠一部中國文化史也！雖曰嘗鼎一臠，然學者手此一冊，亦足以鳥瞰國學之梗概，循是以求，更不難由簡入繁，由淺入深，以達豁然貫通之域，此又足為研究國學之津梁矣，然則葛氏此著，其有裨於吾國之文化前途，豈淺鮮哉。

中華民國五十八年四月昌陽後學王恒信識於臺灣木柵

自序

文化為國家之命脈，大凡國基鞏固傳統久遠者，必有其悠久之文化歷史，以維繫世道人心於其間。中華建國，垂五千年，其所以巍然而屹立者，以其固有文化之故也。而此固有文化，大都寄於經史百家之書。經史百家之書，皆為先哲思想之累積，鑄為倫理道德典章制度之精義，絃歌諷詠，優游浸漬於人心，生民之準繩，建國之法則，歷萬世而不磨者也。元清入主中國，三百餘年，終為漢人同化以亡其國，謂非固有文化，潛移默化之力耶？然則固有文化之於國家，顧不重哉？

近世科學昌明，世界各國，莫不精研科學，以爭雄長，我國亦急起直追，未遑多讓。然國家最高學府，仍有國學專科之設，以培養國學人才。良以固有文化猶人之心，而科學乃手足耳。手足聽命於心，始得奏預期之功。如易以道陰陽，書以紀政事，詩以詠性情，禮以主敬，樂以言和，春秋以辨忠奸，史書以明治亂，諸子百家以補偏救弊，皆所以正人心也。心既正則倫理明、倫理明、思無邪慝矣。以之研究科學，則科學與倫理凝為一體，集中外之精華，宏格致之功能。二者相得益彰，有如心之使手足，手足之從心，一切發明，必能利國福民，促人類於康樂之域，以重建倫理民主科學之新中國。然則固有文化之與科學，實相需而成，相輔而行，不可偏廢者也。故凡吾炎黃子孫，應念祖先創造之艱，懔人心惟危之戒，拳拳服膺固有文化，汲汲推行新興科學，納科學於正規，奠萬世不拔之基，責無旁貸者也。

然我國典籍，浩如烟埃，今之學者，欲國學與科學兼修，若不由繁求簡，而茫然求之，則非伊朝伊夕之功，所能望其涯矣。必也簡易入手，簡則易從，易則易知，其始也簡，將必也鉅。故由簡入繁，為研究學問之不二法門。乃不揣謭陋，就研讀所得，著國學發凡一書，提要鈎玄，力求其簡，非敢炫世，聊以供參考耳。

本書分：經學、史學、子學、理學、文章、詩歌、詞、曲、戲劇、小說十章。經學分類，各家之說，世所詬病，茲別立八經四書之目。二十六史，卷帙浩繁，內容複雜，撮其綱要，統其種類，以見一斑。春秋戰國，百家爭鳴，學說紛紜，不能備及，僅論儒、道、墨、法、名、陰陽六家。宋明理學，則論周、邵、張、程、朱、陸、陳、葉、陳、王之說，其他不與焉。自周秦迄今，文體多有變異，茲述散文、辭賦、駢文三類。詩歌為文學主流，由三百篇，而樂府、而古詩、而近體詩，其歷代之演變，則詳以小序。詞起於晚唐，盛於北宋，至南宋而衰，詞風不一，一一說明之。元曲有散曲與雜劇之別，散曲詳第八章曲中，雜劇則詳第九章戲劇中。戲劇名目繁多，以元雜劇明傳奇為主。小說之發展，至魏晉而盛，歷隋、唐、宋、元、明、清，蔚為大觀。其形式內容，每因作者知志趣不同而有異，故分別類述之。至各家之詩文詞曲，限於篇幅，不錄原文。嗟乎！鄉關迢遞，漂泊天涯。仰屋而愧蕭偉，登樓而懷王粲。春花秋月，寄興於吟詠。溽暑祁寒潛心於點勘。廣徵博採，摭拾成書。學識淺陋，紕繆難免。尚希海內先進，時予匡正，實為幸甚。

中華民國五十八年四月萊陽葛勤修自序

國學發凡總目錄

國學發凡

萊陽葛勤修一民撰

第一章 經學

第一節 概說

經學的界說 說文云：「經織也，從絲巠聲」。張炳麟云：「經是絲編竹簡」。古代的書，以線穿竹簡成本，故經為書之普通名稱。管子戒篇：「內不考孝弟，外不正忠信，澤其四經而誦者，是亡其身者也」，為稱經之始。儒者又把經字引申為常法之意，鄭玄注孝經云：「經者不易之稱」。把古代的書，視為萬世不變之常道，故名之經學。經學一詞，見於漢書兒寬傳：「寬見上，語經學，上說之」。經學之稱，始於此。

經學的分類

四經　管子戒篇，房玄齡注，四經謂：詩、書、禮、樂。

五經　揚子法言，寡見篇，以易、書、禮、詩、春秋，為五經。

六經　莊子天運篇，丘治詩、書、禮、樂、易、春秋，為六經。

七經　七經之名，始見於後漢書張純生傳李賢注，七經謂詩、書、禮、樂易、春秋及論語。

清全祖望經史問答，以詩、書、禮、易、春秋、論語、孝經，為七經。清柴紹炳考古類編，以詩、書、儀禮、周禮、禮記、易、春秋為七經。

九經　九經之名，始見於唐書列傳儒學上古那律傳，但未列九經之目。清皮錫瑞經學歷史，以易、書、詩、儀禮、周禮、禮記、左傳、公羊傳、穀梁傳，為九經。柴紹炳以易、書、詩、儀禮、周禮、禮記、春秋、論語、孝經，為九經。

十經　南史列傳隱逸上周續之傳，以五經、五緯，為十經。

十一經　元何異孫十一經問答，以論語、孝經、孟子、詩、書、三禮、三傳為十一經。

十二經　莊子天運篇云：「於是繙十二經以說」。按繙十二經者為孔子。十二經之名，始於此。十二經之目，不見於莊子，孔子亦未明言，後世對十二經解釋紛紜，宋晁公武郡齋讀書志云：「唐太和中刻十二經」。即易、書、詩、三禮、三傳、論語、孝經、爾雅。而此十二經或後於孔子，與孔子之時代不合，因知以唐刻十二經為孔子所繙之十二經，實誤。但孔子所繙之十二經，究何所指，亦難臆斷。

十三經　宋於唐太和刻十二經，加孟子為十三經。

十四經　宋史繩祖學齋佔畢以十三經加大戴禮記為十四經。

二十一經　清段玉裁以十三經加大戴禮記、國語、史記、漢書、資治通鑑、說文解字、周髀算經、九章算數八書，為二十一經。

基於上述，經學分十一類。劉向稱易、書、詩、禮、樂、春秋為六經，漢書藝文志，因而有六藝略。後樂經亡，稱為五經。這是大家公認的。以後各家，雜以傳記子書訓詁等書，混稱為經。清龔自珍六經正名曾痛斥其非。茲不從各家之說，別立八經四書之目。以易、書、詩、周禮、儀禮、禮記、春秋、孝經為八經。論語、大學、中庸、孟子為四書。至於公羊傳、穀梁傳、左氏傳氏春秋的注子，不能單獨稱經，僅附於春秋之後。

第二節 易經

易的界說 易繫辭上傳云：「乾以易知，坤以簡能。易則易知，簡則易從。易知則有親，易從則有功」。又云：「易簡而天下之理得矣」。易就是簡易之義，以簡易的六十四卦，包羅宇宙一切事物的變化，以簡御繁，故謂之簡易。易的哲理，極為奧衍，由自然現象，推而及於人事，所以通天人之際，而其理則萬世不易，為人生處世的法則，極有價值的人生哲學。

八卦的由來 易繫辭上傳云：「河出圖，洛出書，聖人則之」。又下傳云：「古者包羲氏之王天下也，仰則觀象於天，俯則觀法於地，觀鳥獸之文，與地之宜，近取諸身，遠取諸物，於是作八卦以通神明之德，以類萬物之情」。這兩段話，是說伏羲參正河圖洛書，觀察天地與鳥獸之文，以作八卦。但黃帝以前無文字可據，繫辭之言，似難憑信。大概八卦為後世所畫，假神話託之於伏羲者。而伏羲為歷史家擬化的人物，似非實有其人。上古的時候，人民生活簡單，僅用符號以資記憶，所以有結繩之法，大事則作大結，小事則作小結。及事務繁雜，結繩不足以標記各類事物，又不能傳諸久遠，乃由結繩而畫八卦，借幾條畫以指示事物，取法自然現象，而應用在事物上，以便利人類的生活。八卦就是☰，☷，☳，☶，☲，☵，☱，☴。用「⚋」以代表陰，用「⚊」以代表陽，每卦代表一件事物。☰乾古天字，為純陽。古人以為元氣初分，輕清陽為天，是動的。☷坤古地字，為純陰。古人以為元氣初分，重濁陰為地，是靜的。☴巽古風字，下一陰，上二陽，陽是動的，風生於陰處，地穴生風，向上吹動。☶艮古山字，上象山峯，下象巖穴。☵坎古水字，兩邊四短畫像水紋，有陰柔之意，中間長畫象水之主流，有陽剛沖動之意。☲離古火字，火焰中虛外實，二陽象外焰，一陰象內焰。☳震古雷字。雷雨時，陰盛陽衰，陽生於下而動，陰陽薄動而生雷。☱兌古澤字。流水會集之處曰澤。下二陽象高地，上一陰象窪地。用這八種符號，標記自然現象，以利工作。這八卦也可說是文字之濫觴。

八卦的性能　說卦傳云：「天地定位、山則通氣、雷風相薄、水火不相射」。這是把八卦分成天地、山澤、雷風、水火四組。乾為天，坤為地，天地代表陰陽大氣，化育萬物，有了萬物，才形成宇宙，所以說天地定位。艮為山、兌為澤，山澤互相溝通一氣，然後才能有變化，所以說山澤通氣。震為雷，雷以動之。巽為風，風以散之。雷風互相接觸傳播，萬物因動力，才能化育，所以說雷風相薄。坎為水，離為火。燥萬物者，莫熯乎火，潤萬物者，莫潤乎水，水火各有它的功能，然而水火是相剋，不能相入的，所以謂水火不相射。這是說明陰陽的變化，八卦的性能，用以解釋自然現象。

八卦的陰陽　所謂陰陽之理，是由何而來，這又是值得研究的問題。老子云：「無名天地之始，有名萬物之母」。又說：「天地萬物生於有，有生於無」。他說明宇宙的本體是「無」，由「無」而生「有」，「有」就是天地萬物，生生不息，終成紛紜的世界。宋周濂溪創無極太極之說，即本於老子之「無」與「有」。「有」即是太極，「太極」就是萬物化生之理。而此理乃天地之氣，亦是陰陽二氣，此二氣，聚則物成，散則物消。陰陽雖為兩體，然皆生於太極，歸於一，是一元的。故易繫辭云：「易太極，是生兩儀，兩儀生四象，四象生八卦」。是所謂一生二，二生四，四生八。周濂溪云：「太極動而生陽，動極而靜，靜而生陰，靜而復動，一動一靜，互為其根，分陰分陽，兩儀立焉」。這是說，由於動與靜兩種力量的變化，由一分為二。二就是兩個一，每個一再分為二，故變為四。四又是四個一，每個再分為二，則四變為八。所謂一，就是「太極」。所謂兩儀，就是「陰」與「陽」。所謂四象，是「太陰」、「少陽」、「太陽」、「少陰」。四象又生八卦。乾坎艮震為陽四宮。坤巽離兌為陰四宮。而每卦之中，除乾為純陽，坤為純陰，外又各分陰爻陽爻。宇宙的人和物，都含有陰陽之理。也就是太極。而這個理，再沒有人和物之前，早已存在。事事物物都有個理，做甚麼事，就有什麼理。易就是說明自然之理，由自然之理，以想像推論到人事，可以說學究天人了。總而言之，易是源於上古實際生活上所用的簡單符號八卦，以後由周文王重為六十四卦，並作卦辭爻辭，後人又作象辭彖辭。六十四卦，又演變成卜筮的周易，又經過好多人的補充說明，完成了易的體系，成了解釋自然現象和人生哲學。

易的種類　周禮云：「太卜掌三易之法，夏曰連山，殷曰歸藏，周曰周易」。鄭玄云：「連山者，象山之出雲，連連不絕。歸藏者，萬物莫不歸於中。周易者，言易道周普，無所不備」。孔穎達云：「文王所演，故謂之周易，猶周書周禮，題周以別餘代」。孔氏之言為是。

易的重卦人　孔穎達周易正義，重六十四卦之人，有四說：「晉王弼以伏羲重卦。漢鄭玄以神農重卦。晉孫盛以夏禹重卦。司馬遷以周文王重卦」。按易繫辭下傳略云：「包羲氏作結繩而為罔罟，以佃以漁，蓋取諸離。神農氏斲木為耜，揉木為耒，耒耜之利以教天下，蓋取諸益。日中為市，致天下之民，聚天下之貨，交易而退，各得其所，蓋取諸噬嗑。黃帝堯舜垂衣裳而治天下，蓋取諸乾坤」。此知所謂離、益、噬嗑、乾、坤都是重卦。然則在伏羲神農黃帝時，已有重卦，王鄭之說似有所據。然黃帝以前，無文字記述，繫辭之言，似出於揣測，故王弼鄭玄之說，仍不足信。周禮云：「太卜掌三易之法，夏曰連山，陰曰歸藏，周曰周易，其經皆八，其別皆六十有四」。據此，則夏陰之時，已有重卦。但史遷不言夏殷重卦，而曰文王重卦，大概周禮晚出，武帝時藏之密府，未行於世。哀帝劉歆繼父向校書，始著於七略。史遷前卒未見周禮，故不言夏陰重卦，而曰文王。揚雄法言問神篇云：「易始八卦，而文王六十四，其益可知也」。此明言文王重卦。揚雄當成哀之世，似已見周禮，但仍言文王重卦，而不言夏殷。蓋史遷去古未遠或有所據，故雄仍宗其說。如此則史遷文王重卦之說較為可信。

易的卦辭與爻辭　周禮太卜疏曰：「卦之為言挂也，挂萬象於上也」。辭的本義，是爭訟的判辭。易的辭，都含有斷辨之意。定全卦意義的文句曰卦辭。如乾卦的「元亨利貞」是。六十四卦，每卦有六畫，謂之六爻。繫辭云：「爻者，言乎其變也」，定一爻意義的文句，曰爻辭。如乾卦的「初九潛龍勿用」是。卦辭爻辭作者為誰，說者不一，鄭玄云：「卦辭爻辭文王作」。馬融云：「文王作卦辭，周公作爻辭」。清皮錫瑞則以為卦辭爻辭皆孔子作。按伏羲畫八卦，文王重為六十四卦，以演周易，若不作卦辭爻辭，每卦僅有六條畫，沒有說明，如何能知道卦的涵義。即便文王自己明白，如何垂後世，屬來哲，又如何用以卜筮。所以文王就六十四卦，作卦辭，以斷全卦之意，作爻辭，以斷一爻之意，綜合分析，說明全卦整個的意義。易繫辭傳下云：「易之興也，其當殷之末世，周之盛德邪，當文王與紂之事耶」。又曰：「易之興也，其於中古乎，作易者其有憂患乎」。所謂「文王與紂之事」，所謂「其有憂患」，皆指文王囚於羑里而言。司馬遷云：「文王拘而演周易」。所謂演易，是只完成易的基本理論。易的整體，是包括六十四卦及卦辭爻辭，三者具備，才算完成。故鄭氏文王作卦辭爻辭之說，似為近理，而馬融陸績則以「王用亨於岐山」及「箕子明夷」二事，為文王後事，遂謂卦辭爻辭為周公作。按易用王字為數見。訟卦「或從王事无成」。坤卦「或從王事无成有終」。隨卦「王用亨於西山」。觀卦「利用賓於王」。離卦「王用出征」。升卦「王用亨於岐山」。這些王不一定時指其人其事。文王為要說明一爻之象，乃張大其詞，稱王以明其意。王即賢明偉大之意，也就是大人。所舉各例，王均為象徵詞，即以「王用亨於岐山」而言，岐山為文王之都，時為西伯，當然不能自稱王，但明言之，可以指殷王，暗言之，可以象徵自己王業的發展，一語而含有二意，既不開罪於殷王，又可抒發己志，這樣未嘗不可。至於明夷卦「箕子之明夷」一語，所謂明夷，就是聰明的人，受了排擠妒恨、苦難。箕子久為紂所忌而不用其言，這就是明夷，不必因之始為明夷。豈能據此以斷定爻辭非文王而為周公作。且魯周公世家，亦不言周公作爻辭。故馬陸二氏之說，似難置信。皮錫瑞為要應合漢書藝文志類所敘「人更三聖、世歷三古」之說，遂以卦辭爻辭為孔子作，亦頗牽強。

易的十翼　十翼是輔翼周易的。亦稱易傳。指彖辭上下，象辭上下，繫辭上下，文言、說卦、序卦、雜卦而言，十翼誰作，說者紛紜。晉書束皙傳：「太康二年汲郡人不準，盜發魏襄王冢，得易經二篇與周易上下經同」。按襄王為魏文侯的曾孫，文侯最好古，師子夏學經藝。若十翼為孔子作，文侯豈能不受之師傳於子孫。魏冢無十翼，明十翼非仲尼作。蓋為七十子後學者，發揮易理的作品。史記漢書均無十翼之說。而十翼一詞是出於易緯乾鑿度「仲尼五十究易，作十翼」。這緯書原是不可靠的。

一彖辭　一名彖傳，每卦都有，彖是斷定的意思。每卦中彖云云，是解釋卦辭的，如乾卦彖曰：「大哉乾元……萬國咸寧」是。六十四卦，分為上下篇，所以彖辭也有上下篇。

二象辭　一名象傳，每卦都有。總論一卦之象曰大象，如乾卦象曰：「天行健，君子以自強不息」。論一爻的象，曰小象，如乾卦：「潛龍勿用，陽在下也。見龍在田，德施普也。終日乾乾，反復道也。或躍在淵，進无咎也。飛龍在天，大人造也。亢龍有悔，盈不可久也」。象是像的意思，大象是從某卦所示之象，以想像推論到人事。小象則從某爻所示之象，以想像推論到人事。易六十四卦，分為上下篇，所以象辭也有上下篇。

三繫辭　一名繫辭傳，漢人或名之曰大傳。是泛論易理的，獨立分上下篇。

四文言　一稱文言傳，專論乾坤二卦的。分隸乾坤二卦。

五說卦　說八卦之德業變化及法象。獨立成篇。

六序卦　解釋六十四卦先後次序的意義。獨立成篇。

七雜卦　雜揉六十四卦，錯綜其義，或以同相類，或以異相明。獨立成篇。

易的派別

漢易派　漢人易學，立於學官的，為施讎、孟喜、梁丘賀，及說災異的京房四家。四家都是今文。費直易是古文，未立學官，只在民間流行。永嘉之亂，施氏梁丘之易亡。孟、京，易中衰。古文費氏易，後漢鄭玄為之注。白是費氏易大興。西漢民間易，尚有高氏易，出於高相，與費氏同時，也沒有章句，專說陰陽災異。高氏易為古文亦是今文，亦莫可諟證。據隋書經籍志其書亡於西晉。已不可考。

魏晉易派　魏之王弼，反漢人象數之說，以老莊道家之哲理解周易，晉韓康伯和之。唐孔穎達亦宗魏晉易。

宋易派　周敦頤以道家之「道體說」說易。程頤朱熹等和之。明清亦宗程朱說。

第三節　尚　書

尚書的界說　漢書藝文志春秋類，敘云：「左史記言，右史記事，事為春秋，言為尚書」。禮記玉藻云：「天子食卒玄端而居，動則左史書之，言則右史書之」。二書對左史右史之釋義雖相反，但把事與言分為二則一。其實，事與言不能截然分開，二者相因而成。如尚書中，謨、訓、誓、誥，是言，而顧命大部份是記喪禮的。金滕亦重在敘事。禹貢則全部記事。言為尚書，這句話，似欠正確。陸德明經典釋文敘錄云：「以其上古之書，謂之尚書」。語甚切當。以尚書為書之專名，始於伏生，伏生著尚書大傳。春秋繁露，史記等書，遂稱尚書。

尚書的作者　尚書為中國最古的史書，上起堯舜，下迄於秦。此蓋為春秋戰國人所輯成。禹貢，揚州梁州有金銀銅鐵之貢，而鐵在春秋戰國時才有，故禹貢似為戰國時作品。

尚書的分類

一、今文尚書　漢文帝求天下遺書，遣晁錯從秦博士伏勝受尚書二十九篇，史記、漢書，皆有記載。此尚書，用當時通行的隸書寫成，故名之曰今文尚書。其篇目，各家不一，今錄王先謙的伏生篇目如下：（皮錫瑞經學通論，亦載此目）

一、堯典（王氏原注，連慎徽五典以下）　二、皐陶謨（王氏原注，連「帝曰，來禹」以下）

三、禹貢　四、甘誓　五、湯誓　六、盤庚

七、高宗肜日　八、西伯戡黎　九、微子　十、誨

一一、洪範　一二、大誥　一三、金滕　一四、康誥

一五、酒誥　　一六、梓材　　一七、召誥　　一八、雒誥
一九、多士　　二〇、無佚　　二一、君奭　　二二、多方
二三、立政　　二四、顧命　　二五、康王之誥　　二六、粊誓
二七、甫刑　　二八、文侯之命　　二九、秦誓

王充論衡正說篇云：「宣帝時，河內女子發老屋，得逸尚書一篇奏之，而伏生所傳二十九篇始定」。此所謂逸尚書一篇，即隋書經籍志尚書類所敘「河內女子得秦誓一篇獻之」。據此，則伏生所傳，在未益之前，似僅為二十八篇。故隋書經籍志尚書類，敘伏生口傳二十八篇。但漢書藝文志尚書類列：「經二十九卷」，班自注云：「大小夏侯二家」，顏師古注云：「此二十九卷伏生傳授者」。此所謂一卷，大概就是一篇。史記周本紀略云：「成王將崩，命召公畢公立太子釗。既崩，二公率諸侯，以太子釗見於先王廟，申告文武王業之不易，作顧命。太子釗遂立為康王，康王即位，徧告諸侯，宣告以文武之業，以申之作康誥」。此「康誥」即「康王之誥」，是顧命與康王之誥，名為二篇，以足二十九篇之數，並無太誓在內。釋文云：「歐陽大小夏侯同為顧命」。這是說，從伏生而後，歐陽大小夏侯，皆以康王之誥合於顧命為一篇，成二十八篇，若把它分出來，正好二十九篇。如此，則王充益後得太誓為二十九篇之說，隋書經籍志伏生口傳二十八篇之說，及陳喬樅併序為二十九之說，皆不得其實。

今文尚書，漢武帝時，立歐陽高博士。宣帝時，立大夏侯勝，小夏侯建博士。三家之書，已

亡於永嘉之亂。

二、古文尚書

1 逸十六篇古文尚書　漢書藝文志尚書類，列「尚書古文經四十六卷」。自注云：「為五十七篇」。又敘云：「古文尚書者，出孔子壁中，武帝末魯共王壞孔子宅，欲以廣其宮，而得古文尚書，及禮記、論語、孝經，凡數十篇，皆古字也。孔安國者，孔子後也。悉得其書，以考二十九篇，得多十六篇，安國獻之，遭巫蠱事，未列於學官」。按魯共王餘，以孝景前三年封魯王，於孝武元朔元年十二月薨。由封魯王至死，凡二十七年，也就是共王在位二十七年。前十四年當孝景之世，後十三年當孝武之世。魯共王傳云：「共王初好治宮室」。既云初年，則當在孝景之世無疑。王充論衡正說篇，亦云共王壞孔子宅在孝景之世。所謂武帝末，乃漢書藝文志之誤。至於獻書之事，荀悅漢紀成帝紀云：「魯共王壞孔子宅得古文尚書，多十六篇，武帝時孔安國「家」獻之，會巫蠱事未列學官」。此「家」字當係指安國家人。故獻書者為安國家人，非安國本人。此十六篇，加今文二十九篇，為四十五篇，又加後得秦誓，為四十六篇，即漢書藝文志所謂四十六卷。其中九共分為九篇，盤庚分為三篇，太誓分為三篇，則為五十八篇。而漢書藝文志云五十七篇者，因光武帝建武時亡武城一篇之故。此十六篇，亦稱逸書，僅於平帝時，一度置博士，漢儒亦未作注。馬融書序云：「逸十六篇，絕無師說」。所謂張楷作注，衛宏、賈逵作訓者，仍止解今文二十九篇。此十六篇，至永嘉之亂，全部亡失。十六篇之目錄如左：

一、舜典（別有舜典，非由堯典析出之舜典）。　二、汩作　三、九共
四、大禹謨　五、棄稷（別有棄稷，非今本由皐陶謨分出的益稷）
六、五子之歌　七、胤征　八、湯誥　九、咸有一德
一〇、典寶　一一、伊訓　一二、肆命　一三、原命
一四、武城　一五、旅獒　一六、畢命

其中九共分為九篇，也可稱為二十四篇。

2 漆古文尚書　光武時，杜林於西州——今新疆境——得漆書古文尚書一卷。衛宏馬融賈逵鄭玄，都為作注。但未傳世。

三、偽古文尚書

1 張霸偽百兩篇　王充論衡正說篇云：「景帝時魯共王壞孔子宅，得百篇尚書，武帝使使取視，莫能讀，遂秘於中，外不得見。成帝時，徵為古文尚書學，東海張霸案百篇之序，空造百兩之篇，獻之成帝，帝出秘百篇以校之，皆不相應，於是下霸於吏，帝高其材而不誅，亦惜其文而不滅，故百兩之篇傳在世間」。又漢書儒林傳張山拊傳云：「世所傳百二篇者，出東萊張霸，分析合二十九篇，以為數十，又采左氏傳書敘，作為首尾，凡百二篇，篇或數

簡，文意淺陋，成帝仍黜其書」。據此百篇尚書，景帝時出於孔壁，人不能讀，未傳於世。成帝時，張霸偽造百二篇，雖傳於世，但仍被黜，其為害尚淺。

2梅氏偽古文尚書　隋書經籍志尚書類，敘云：「晉世秘府所存，有古文尚書經文，今無有傳者。及永嘉之亂，歐陽大小夏侯尚書並亡。至東晉豫章內史梅頤，始得安國之傳，奏之，時又闕舜典一篇，齊建武中、吳姚方興於大桁市，得其書，奏上，比馬鄭所注，多二十八字。於是列國學」。按大桁市日知錄作大航頭。梅氏所奏孔傳古文尚書為五十八篇。此五十八篇，乃析伏生之二十九篇為三十三篇；自堯典分出舜典，於慎微五典之上，加「曰若稽古帝舜曰重華，協於帝，濬哲文明，溫恭允塞，玄德升聞，乃命以位」，之二十八字為起句，別為舜典。自皐陶謨分出益稷，盤庚分為三篇。又偽造：大禹謨、五子之歌、胤征、仲虺之誥、湯誥、伊訓、太甲上中下、咸有一德、說命上中下、泰誓上中下、武城、旅獒、微子之命、蔡中之命、周官、君陳、畢命、君牙、冏命，等二十五篇。此二十五篇，自宋吳棫、朱熹、蔡沈，及元吳澄、明梅鷟等皆疑之。至清，閻若據列舉一百二十八條，作古文尚書疏證。惠棟作古文尚書考。以斥其妄。經文既偽，則孔傳之偽，閻氏辯之已詳。丁晏又作尚書餘論，更證明今本偽孔傳，為王肅所偽作。但劉師培尚書考證認為「王肅另有偽本，已不傳」，如此，則丁氏之說，又非其實。

四、百篇與書序　史記孔子世家：「孔子序書傳，上紀唐虞之際，下至秦穆，編次其事」。

漢書藝文志尚書類，敘云：「書之所起遠矣，至孔子纂焉，上斷于堯，下迄於秦，凡百篇而為之序，言其作意」。此皆言孔子編書，未言刪書。刪書之說，見於緯書，原不足信。尚書是唐、虞、三代，及秦穆的政事紀錄。典、謨、訓、誥、誓、命，或為當時史官所記，或為後代史官所追記。史官的記錄，存之檔案，以備考察，孔子把它編次起來，作有系統的整理，序書傳的序字，未始非次序之意。史記孔子編次之說，較為可信。漢書藝文志所謂：「凡百篇而為之序」不知是否有據。至於今本尚書首孔安國序，世稱大序。其百篇序，則謂之小序。經各家考證，大序蓋偽古文者所作，而託之安國，出於梅賾或王肅之手。小序漢時別為一篇，偽孔傳始以之散居篇首，所序旨意，多與題文不合，知其為庸人之作。且百篇之說，本為偽造，南海康氏，用五證以發其偽。則書序篇目之偽造，自不待言。鄭注書序，列百篇之目，除梅氏偽古文尚書五十八篇外，尚有有序無書的四十二篇。其目如左：

一、汨作	二、九共九篇	三、槀飫	四、帝告
五、釐沃	六、湯征	七、汝鳩	八、汝方
九、夏社	一〇、疑至	一一、臣扈	一二、典寶
一三、明居	一四、肆命	一五、徂后	一六、沃丁
一七、咸乂四篇	一八、伊陟	一九、原命	二〇、仲丁
二一、河亶甲	二二、祖乙	二三、高宗之訓	二四、分器

二五、旅巢命　二六、歸禾　二七、嘉禾　二八、成王征
二九、將蒲姑　三十、賄息慎之命　三一、亳姑

尚書的派別

一、漢學派

1 今文尚書派　今文尚書三家，歐陽氏、大夏侯氏、小夏侯氏。三家西漢都立學官，亡於永嘉之亂。

2 古文尚書派　古文尚書，西漢有孔安國、劉歆，東漢有賈逵、馬融、鄭玄等。自東漢到南北朝，為鄭學時期。及唐孔穎達，宗偽孔安國尚書傳，鄭學遂亡。到清代，漢學重興，惠棟等，又以馬融鄭玄為主。

二、宋學派

宋人治學，主理想，善懷疑，故多所發明。然全憑臆說，流弊亦多。宋儒治尚書者，始於蘇軾。朱、陸兩派門人，亦治尚書，蔡沈書經集傳，闡明朱義，元、明兩代，以之為標本。

第四節　詩　經

詩經的界說　詩是搜集周武王至東周靈王五百餘年的詩歌作品，共三百十一篇，後亡六篇，只有

三百五篇。包括十五國國風二雅三頌。詩是弦歌諷諭的樂聲，有的論功頌德，有的刺過譏失，大概不失聖賢的宗旨，儒者尊之為經，名曰詩經。

詩的刪訂　孔子刪詩之說，始於司馬遷。史記孔子世家云：「古者詩三千餘篇，孔子去其重，取可施於禮儀，上采后稷，中述殷周之盛，至幽厲之缺，三百五篇，孔子皆弦歌之，以求合韶武雅頌之音」。史遷刪詩之說，後人多持異議，而孔穎達持論尤為精闢。左傳襄公二十九年，記吳季札官周樂，孔穎達疏曰：「此為季札詩歌，風有十五國，其名皆與詩同，唯其次第異耳，則仲尼以前篇目先具，其所刪削，蓋亦無多。記傳引詩，亡逸者甚少，知本先不多也。史記孔子世家云：『古者詩三千餘篇，孔子去其重，取三百五篇』，蓋馬遷之謬耳」。按孔氏此論之要點有四：1季札在魯觀樂，所見的詩已略同於今本，只是次第的不同。2仲尼以前，詩目已備，孔子所刪甚少。3魯傳所引之詩亡逸者少，足證孔子刪詩不應十去其九。4史遷刪詩之說為不可信。禮記「天子五年」巡狩，命太師陳詩以觀民風」。漢書藝文志詩類敘云：「古有采詩之官，王者所以觀風俗，知得失，自考正也」。王者既然把采詩，看得如此重要，采來的詩，當然為數不少，必須再加一番整理，當時采詩太史，整理好的詩，大概有三百餘篇，故刪詩者，為采詩官太史，而非孔子。孔子生於周靈王廿一年，吳季札聘魯觀周樂，在周景王元年，即魯襄公二十九年。由靈王廿一年，到景王元年，恰好八年，也就孔子才八歲，而季札觀樂時，詩的篇目，已略同於今，故詩三百篇，非孔子所刪訂者。孔子雖未刪詩，然對詩曾加研究整理。論語子罕篇：「子曰吾自衛返魯，然後樂正，雅頌各得其所」。據此則孔子在未返魯以前，是未刪詩的。孔子於魯哀公十一年冬，由衛回魯，時年六十九，傷道不行，乃從事於詩的整理。所謂「樂正」，就是正樂聲，所謂「雅頌各得其所」，是指整理雅頌而言。季札觀周樂，僅曰「為之歌頌」，而未言歌周頌魯頌商頌。蓋三頌以周頌為最早，故知所歌者為周頌，非魯頌商頌。孔子正詩，就原有的雅頌，總合分析，加以研究，重為編次，以魯頌商頌編入，與周頌並列為三，故魯頌商頌為晚出。鄭玄云：「魯商兩頌為孔子編入者」。這話是可信的。

詩的篇數　詩原有三百十一篇，六篇有目無詩，或云遭秦火而亡，或云為笙詩，有聲而無辭，故現存三百五篇。

一、國風　周南十一篇。召南十四篇。邶鄘衛三十九篇。王風十篇。鄭風二十一篇。齊風十一篇。魏風七篇。唐風十二篇。秦風十篇。陳風十篇。檜風四篇。曹風四篇。豳風七篇。

二、小雅七十四篇。大雅三十一篇。

三、周頌三十一篇。魯頌四篇。商頌五篇。

四、有目無詩者六篇。南陔、白華、華黍、由庚、崇丘、由儀。

詩的地域

一、周南　周地名，在雍州岐山之陽，太王始居之，故國號曰周。武王分其地為弟旦采邑。所采的詩，在周之際，故曰周南。

二、召南　召地名，在岐山之陽，武王封奭於召，以為采邑。所采詩在召之南，故曰召南。

召與周，地近俗同，故詩音亦略同。

三、邶　今河南衛輝府境。

四、鄘　今河南汲線。

五、衛　今河北舊大名府，開州以西，至河南之衛輝懷慶皆衛地。

六、王　即王畿，指東都洛邑，王城畿內六百里。

七、鄭　今河南新鄭線，自開封以西，至成皐故關皆其地。

八、齊　今山東的北部及東部。東至於海，西至於河，南至於穆陵，北至於無棣。

九、魏　今河南北部，山西西南部之地。

十、唐　今山西冀城縣西，有古唐城。

十一、秦　原有甘肅秦州，春秋時，奄有今陝西省。

十二、陳　今河南省開封府以東，南至安徽舊亳州皆其地。

十三、檜　今河南密縣東北。

十四、曹　今山東舊曹州府之地。

十五、豳　今陝西邠縣。

詩的時代　詩為周初武王，至東周中葉靈王元年，五百餘年的文學作品。

一、二南，為文王化行周南召南的樂章，為周最早作品。

二、邶鄘衛三風，大部分作於東周初葉，亦或有西周作品。
三、豳風產生的時代較早，約在周公東征前後。
四、魏唐秦三風，當為東周初作品。
五、檜風當產於西周末年。
六、鄭齊陳曹五風，十九作於東遷以後，亦或有西周中葉以後作品。
七、大小雅，大部份為西周作品。
八、周頌為周代建國初年作品，以此為最早。
九、魯頌約在春秋魯僖公時代，為晚出。
十、商頌為商代郊祀樂章，非作於商，乃作於宋。約在魯僖公時代，晚出。

詩序　詩序作者，說法很多，鄭玄師譜云：「大序子夏作，小序子夏毛公合作」。范曄後漢書儒林衛宏博士傳云：「初九江謝曼卿善毛詩，迺為其訓，宏從曼卿受學，因作毛詩序，善得風雅之旨，於今傳於世」。隋書經籍志詩類敘云：「詩序子夏所創，毛公及衛敬仲又加潤益」。惟清皮錫瑞曰：「毛序本不知出自何人，或以為本之子夏，或以為續於衛宏，皆無明文可據，即以魏宏續作，亦在鄭君之前，學者當崇為古義，不必爭論為何人也」。皮氏之論，實為達言。

四始　史記：關雎為風始，鹿鳴為小雅始，文王為大雅始，清廟為頌始。這是把國風小雅大雅頌的第一部，稱為四始，也沒有什麼很深的意義。後世大儒誇大其詞，而為說之，似亦無足輕重。

六義 風、雅、頌、賦、比、興稱為詩的六義。風雅頌為詩的體裁，賦比興為詩的作法。

一、風　里巷歌謠，采自民間，為抒情之作，或含有諷喻之意。

二、雅　雅正也。別於風而言。小雅是燕禮用。大雅是饗禮用。或采自民間，或為士大夫作。

三、頌　宗廟祭祀的樂章，士大夫所作。為稱美之言。

四、賦　直陳其事。

五、比　以彼物比此事。

六、興　先言他物，以引起所詠之事。

詩的正變 變風變雅二詞，見於詩大序。大序云：「至於王道衰、禮儀廢、政教失、國異政、家殊俗，而變風變雅作矣」。後世大儒，多從其說。鄭玄作詩譜，把風雅分成正變兩部，曰正風正雅，變風變雅。惟鄭譜久已殘缺，徐程宇氏參酌鄭譜，別本正義，及朱熹之說為旁行之表。茲據述於下：

一、正風　周南、召南，從關雎至騶虞二十五篇。

二、正雅　小雅中，自鹿鳴至菁菁者我，二十二篇，內有笙詩六篇。大雅中，自文王至卷阿十八篇。

三、變風　邶風至豳，從柏舟至狼跋，一百三十五篇。

四、變雅　小雅中，自六月至何草不黃，五十八篇。大雅自民勞至召旻十三篇。

清崔述則不信正變之說。崔氏讀風偶識中云：「說毛詩者，以二南為正風，十三國為變風。

余按七月一篇，乃周王業所自基，東山破斧，敵王所愾，勞而不怨，非盛治之世，安能有此？故不得謂之變也。淇奧以睿聖得民，緇衣以好賢開國，雞鳴之勤昧爽，蟋蟀之戒逸游，皆足見君德民風之美，何所見其當為變風也者？蓋春秋之世，距成康時漸遠，故其詩佚者漸多，且當周初方尚大雅，故風與小雅，皆不甚流傳。雅者漸衰，而風始者。是以衰世詩多，盛世詩少，初未嘗以正變分也。惟二南中，關雎鵲巢之三，與麟趾、騶虞，以燕射時所歌，故不至於逸耳。安得因此數篇，遂斷以二南為正風，十三國風為變風也哉？且即衰世，亦未嘗無頌美之詩。定之方中，紀衛文之新政，鳲鳩美淑人之正國，以及干旄之下賢，羔裘之直節，無衣之勤王，較之行露，死麕之詩，果孰優而孰劣？即君子于役之「苟無飢渴」亦何異於卷耳之「置彼周行」，出其東門之「匪我思存」，豈不勝於廣漢之「言秣其馬」，何所見而此當為正，彼當為變乎？鄭漁仲曰『風有正變，仲尼未嘗言，而獨出於詩序。緇衣之美武公，駟驖、小戎之美襄公，亦可謂之變風乎？』其說是矣。然又為變正之說斡旋之，則猶未免依違於兩可也。朱子言：『正變之說，經無明文可考』，然亦姑從序說，吾不知其為何故也！」詩以道性情，目之所遇，耳之所聞，感於中，發於詩，以暢其懷，以怡其性，未必皆有美刺之意，即或有之，亦皆出乎性情，止乎禮義。十五國風采自民間，時異、地異、詩意亦異，豈可皆視為美刺，強為界說，以美為正，以刺為變，而為正變之說，崔氏之論，頗有卓見。

詩的派別

一、三家詩

(1)魯詩　文帝時，魯人申培公以治詩為博士，為漢代經學博士之最早者。魯詩亡於西晉。

(2)韓詩　燕人韓嬰，漢文帝時，以治詩為博士。韓詩內傳亡於五代，外傳尚在。

(3)齊詩　景帝時，齊人轅固生，以治詩為博士。齊詩亡於魏。

二、毛詩　為古文家。三國、吳、陸璣毛詩草木鳥獸蟲魚疏云：「魯人名亨，作訓詁傳以授趙國毛萇，時人稱亨為大毛公，萇為小毛公。」萇為河間王博士，平帝時，毛詩立於學官，盛於東漢，至今猶存。

第五節　周　禮

禮的界說　禮所以嚴上下之分，定禮讓之節，是人類社會生活的一種秩序，是參酌社會習俗而定的。可是社會秩序，隨著人的生活至序而變動，所以禮也隨著時代的變化，而有所損益。孔子曰：「殷因於夏禮，所損益可知也，周因於殷禮，所損益可知也。其或繼周者，雖百世可知也。」由此可知，禮不是一成不變的。是因時代之不同而有異。

周禮的作者　周禮漢時本名周官，亦曰周官經，後稱周官禮。荀悅漢紀成帝篇云：「劉歆以周官經六篇為周禮。王莽時，歆奏以為禮經置博士」。據此，改稱周禮，自劉歆始。宋儒朱熹鄭樵等皆主稱周官。周禮作者，說者不一。古文家以為周公作，今文家以為非周公作。清康有為斥為劉歆偽作。

按周禮六官組織龐大，職掌細碎，未得行政之要，僅係官府排場，以周公之聖，似不能有此瀆亂之作。蓋出於周末文盛之時。清毛奇齡謂周禮出自戰國，非周公所作，亦非劉歆偽作。立論頗精確。

周禮的篇數　周禮六篇，每篇分為上下共十二篇。天官冢宰第一，天官冢宰第二。地官司徒第三，地官司徒下第四。春官宗伯第五，春官宗伯下第六。夏官司馬第七，夏官司馬下第八。秋官司寇第九，秋官司寇下第十。冬官考公記第十一，冬官考公記下第十二。

周禮各官的編制　每官於第一篇之首，敘官屬僕役之類別及名額，次及官役之職掌。計天官治屬約三九九六人，九嬪、世婦、女御人數不詳。地官治屬，約四五二二人。春官治屬，約三六七二人。夏官治屬，約三八〇〇人，軍隊編制不在內。秋官約三六七八人。合計五官治屬共一九三五〇人。而各官之編制係一種綱要，關於州數、鄉數及王官門數，未曾說明。是以人數的統計很難精確。就此數字，僅可考知其組織之大概而已。冬官考工記，詳載工人職掌舟車甲弓矢等器之製造。而於工人之名額則頗闕略。天官掌邦治，地官掌邦教，春官掌邦禮，夏官掌邦禮，秋官掌邦禁，冬官掌百工之事。冬官早亡，河間獻王以考工記補之。

第六節　儀　禮

儀禮的作者　儀禮作者，有三種不同意見：古文家，以儀禮與周禮並為周公作。今文家，以儀禮為孔子所定。崔述則以儀禮非周公之制，亦非孔子之書，以與孔子之意背馳。此書之作，嘗在周末文盛之時。按儀禮十七篇，為嘉賓凶吉之屬，繁文縟節已失禮之本意，崔氏之說近是。儀禮又稱士禮，古籍標題，多用篇首之字，如論語孟子各篇皆是。儀禮第一篇是士冠禮，故名之曰士禮。

儀禮的篇數 儀禮在漢初只稱曰禮。史記稱士禮。劉歆七略，稱曰禮經。許慎盧植所稱禮記，乃指儀禮與篇中之記，非指小戴記。漢書藝文志禮類敘云：「漢興魯高堂生，傳士禮十七篇」。劉歆移太常博士書云：「魯恭王壞孔子宅，得逸禮三十九篇」。隋書經籍志禮類敘云：「又有古經出於淹中，河間獻王得而獻之，合五十六篇……唯古經十七篇，與高堂生所傳不殊，而字多異」。據此，則所謂儀禮者有三種：①高堂生所傳禮十七篇。②孔壁出逸禮三十九篇。③魯淹中，出古經禮，五十六篇。賈公彥疏謂「十七篇是今文，五十六篇是古文，古文中之十七篇，與高堂生所傳者同，而字多異，其餘三十九篇，絕無師說，藏於秘館」。平帝時，逸禮立於學官，不久又廢，逸禮之文，散見於他書。清康有為，斥逸禮為劉歆偽作。儀禮十七篇，自高堂生傳至后蒼，后蒼又傳戴德、戴聖、慶普三家，並立學官。二戴本雖立學官，而篇次互有同異。今所傳儀禮則為鄭注劉向別錄本，茲錄其第如下：

士冠禮第一　士昏禮第二

士相見禮第三　士昏禮第二

鄉射禮第五　燕射禮第六

大射禮第七　聘禮第八

公食大夫禮第九　觀禮第十
喪服第十一　士喪禮第十二
既夕禮第十三　士虞禮第十四
特牲饋食禮第十五　少牢饋食禮第十六
有司徹第十七

第七節　禮記

禮記的作者　漢書藝文志禮類，列記百三十一篇，自注云：「七十子後學者所記也」。漢末鄭玄撰六藝論云：「戴德傳記八十五篇，則大戴禮是也。戴德傳記四十九篇，則此禮記是也」。晉陳劭周禮論序云：「戴德刪古計二百四篇，為八十五篇，謂之大戴禮，聖刪大戴禮為四十九篇，是為小戴禮」。而隋書經籍志禮類敘云：「戴聖刪大戴為四十六篇，漢末馬融，又足月令一篇，明堂位一篇，樂記一篇，何為四十九篇」。是又付益陳說者。清錢大昕，則以為：「小戴記四十九篇，曲禮、檀弓、雜記，皆以為簡冊重多，分為上下，實止四十六篇，合大戴記八十五篇，鄭和三十一篇之數目，所以小戴記，並非刪大戴記而成者」。錢氏之說信然。後漢書喬玄傳：「七世祖仁著禮記章句四十九篇」，仁即漢書儒林孟卿傳所謂：「小戴授梁人橋仁季卿者」。又曹褒傳：「父充持慶氏禮」。又云：「褒傳禮四十九篇，慶氏學遂行於世」。禮記四十九篇，鄭目錄，皆引別錄曰，此於別錄屬某門。於月令目錄，及明堂位目錄下則皆口，此於別錄屬明堂陰陽記。於樂記目錄下則曰，此於別錄屬樂記。據此，則知禮記四十九篇，實小戴慶記及劉向校本之所原有。所以月令、明堂、樂記三篇，並非馬融增入的。蓋禮記為孔門弟子所記，後來大儒多有撰述。戴德戴聖以記百三十一篇為藍本，參以他書，各就所見，加以纂述，兩家所錄，故不相謀，然亦不免互有異同，孰先孰後，不得而知。周禮論序及隋書經籍志之說，似欠精審。大小戴記，在漢時同稱禮記。自鄭玄注小戴，與周禮儀禮合稱三禮，三禮之名自此始，非漢初所有。而禮記一名，遂為小戴所專有，大戴則漸趨亡佚不傳。

禮記的篇目

曲禮上第一　曲禮下第二
檀弓上第三　檀弓下第四
王制第五　月令第六
曾子問第七　文王世子第八
禮運第九　禮器第十
郊特牲第十一　內則第十二
玉藻第十三　明堂位第十四
喪服小記第十五　大傳第十六
少儀第十七　學記第十八

樂記第十九　雜記第二十
雜記下第二十一　喪大記第二十二
祭法第二十三　祭義第二十四
祭統第二十五　經解第二十六
哀公問第二十七　仲尼燕居第二十八
孔子閒居第二十九　坊記第三十
中庸第三十一　表記第三十二
緇衣第三十三　奔喪第三十四
問喪第三十五　服問第三十六
閒傳第三十七　三年問第三十八
深衣第三十九　投壺第四十
儒行第四十一　大學第四十二
冠義第四十三　昏義地四十四
鄉飲酒第四十五　射義第四十六
燕義第四十七　聘義第四十八
喪服四制第四十九

第八節　春　秋　附三傳

春秋的界說　春秋者魯史記之名，孔子加以筆削，以寓其微言大義，因舊故之名，以號春秋之經，未必有奇說異意。一般俗儒謂春為歲之始，秋為歲之終，春秋之經，可以奉始養終。故號為春秋。其說迂腐，殊失聖意。王充論衡正說篇，論之甚詳。

春秋的作者　魯哀公十一年冬，孔子自衛反魯，十四年春，采薪者獲麟，孔子傷道不行，據魯史作春秋，上起魯隱公元年，即周平王四十九年，下至哀公十四年，即周敬王三十九年，獲麟而止，凡十二公，隱、桓、莊、閔、僖、文、宣、成、襄、昭、定、哀共二百四十二年。為斷代史。但左傳所載的春秋經，獲麟後還有。且在記孔子卒的哀公十六年後還有。據說，是他的弟子續修的。孔子為何作春秋，孟子滕文公篇云：「世衰道微，邪說暴行有作，臣弒其君者有之，孔子懼作春秋，春秋天子之事也，是故孔子曰，知我者其惟乎春秋，罪我者其惟乎春秋乎」。這段話，把孔子作春秋的動機，說個明白。孔子周遊列國，志在求仕，再展懷抱。但所遇不合，而當時政治腐敗，人心陷溺，弒君三十六，亡國五十二。孔子為挽救人心乃作春秋，以褒貶善惡，一字之褒，榮若華袞，一字之貶，嚴如斧鉞。故孟子又說：「孔子成春秋而亂臣賊子懼」。孔子以布衣操二百四十二年賞罰之權，賞罰為天子之權，孔子操之，以為僭分。然孔子為了正人心，不得已為之。所以孔子歎曰，瞭解我用心之苦的人，是因為春秋啊！而罵我僭分的人也是因為春秋啊！太史公自序云：「夫春秋上明三王之道，下辨人事之紀，別嫌疑，明是非，定猶豫，善善惡惡，賢賢賤不肖，存亡國，繼絕世，補敝起廢，王道之大者也。撥亂世反之正，莫近於春秋」。太史公把春秋的微言大義，說得極為剴切。

春秋三傳　春秋文辭，簡約謹嚴，很費解，為春秋作解釋的公羊穀梁左氏為有名，號為三傳，三傳的長短，各家多有爭論，惟元吳澄所評，頗為允當，其言曰，載事則左氏詳於公穀。釋經則公穀精於左氏。

一、公羊傳　公羊子名高齊人，子夏弟子。武帝時，立公羊博士，為今文家。公羊解經，以問答氏逐層解釋。

二、穀梁傳　穀梁子名赤，魯人，子夏弟子。而漢書藝文志春秋類，列穀梁傳十一卷，師古注則曰穀梁子名喜。宣帝時，立穀梁博士，為今文家。清崔適則以穀梁為古文。穀梁解經，與公羊相近，亦用問答氏。

三、左傳　春秋左氏傳，出於孔壁，孔安國獻之，遭巫蠱之禍，未立學官。哀帝時，劉歆請立古文左氏，為今文家所反對，左氏遂不得立。光武時雖立左氏，但不久又為諸儒所反對而廢。自此今古文之爭愈烈，直到清末，爭論未息。康有為梁啟超，則以為左丘明作國語，未作春秋左氏傳，國語所記，雖多春秋之事，但與春秋經無關，此乃劉歆從國語中，抽取一部份能配合春秋經者，別之為春秋左氏傳。史記十二諸侯年表，其中與漢志相合，關於左傳的話，也是劉歆所竄入。按左氏雖不為今文家所信，然文筆雅健，纚經衛道，仍為今文家所研究，民間誦習日廣。

第九節　孝　經

孝經的界說　孝經書名，善事父母曰孝。孔子為曾子陳孝道，曾子傳之門人，門人記曾子語而成。

孝經的作者　孝經一書，鄭玄以為孔子作。王應麟晁公武以為曾子弟子作。毛奇齡已為七十子之徒所作。姚際恒以為漢儒偽作。按孝經首章，有「仲尼居曾子待」一語。若為孔子自作，豈能稱曾參為子。若為孔子弟子作，也不能稱孔子為仲尼。漢書藝文志孝經類，列雜傳四篇，補注云：蔡邕引「魏文侯孝經傳」一文。據此則孝經似為先秦古籍。孔子為曾子陳孝道，曾子以之教門人，其門人筆錄曾子之語而成。似以王晁二氏之說為是。

孝經的種類　孝經在漢代，有兩種：（一）古文孝經二十二章。（二）今文孝經十八章。古文本，為孔安國注。據說亦出於孔壁。隋書經籍志孝經類，首列「古文孝經一卷」自注云：「孔安國傳，梁末亡逸」今文本為鄭玄注，經文今存，鄭注亦亡。清嚴可均有輯末。十三經中之孝經，經文係用今文本，為唐玄宗注。隋末的古文孝經，乃劉炫偽造。清汪翼滄得自日本古文孝經，也是偽作。

孝經的章數　今文本與古文本的句讀不同，而章數亦同。古文分三才章為二，聖治章為三，又多出閨門一章，故有二十二章。今文孝經十八章，聖治最長，共二百八十八字，刑章最短，僅三十七字。十八章共一千九百零三字，其篇目如下：

一、開宗明義章　　二、天子章　　三、諸侯章

四、卿大夫章	五、士章	六、庶人章
七、三才章	八、孝治章	九、聖治章
一〇、記孝行章	一一、五刑章	一二、廣要道章
一三、廣至德章	一四、廣揚名章	一五、諫諍章
一六、感應章	一七、事君章	一八、喪親章

孝經的論孝　孝經開宗明義云：「夫孝始於事親，中於事君，終於立身」。這是說，孝必須具備三個條件，三者缺一，作人就有缺憾，不能算孝。父子之道，出自天性，故愛敬要從自己的父母做起。子曰「不愛其親，而愛他人，謂之悖德。不敬其親，而敬他人，謂之悖禮」。又曰「孝子之事親也，居則致其敬，養則致其樂，病則致其憂，喪則致其哀，祭則致其嚴」。養生送死，都能盡其心，才算事親，孝是至誠的，不是虛偽的。孔子又強調的說「五刑之屬三千，而罪莫大於不孝」。但孔子又教人諫諍父母，他說「父有爭子，則身不陷於不義，故當不義，則子不可以不爭於父，故當不義則爭之，從父之令，又焉得為孝乎」。父母亦不能無過，為人子者，知父母之過而不諫，陷親於不義，不得謂之孝。所以子要諫諍父母，才是孝之真義。逢迎父母之過，是為愚孝。若不幸而居喪，則人子不能再盡事親之心，自然哀痛悲切。所以聞樂不樂，食旨不甘，毀不滅性，哀以送之，卜其宅兆，而安措之，為之宗廟以祀之，生事愛敬，死事哀戚，盡生民之本，備生死之義，孝子之事親，盡於此了。

孝子既能事親，必能忠於國家，因忠孝一理，故曰以孝事君則忠。這就是移孝作忠的道理。孔子又說「天子有諍臣七人，雖無道不失其天下。諸侯有爭臣五人，雖無道不失其國，大夫有爭臣三人，雖無道不失其家」。君臣以義合，君有過則諫，諫之不聽則去，若阿諛逢迎以長君之惡，則非所以事君之道，亦有違移孝作忠之義。一個人既能事親，又能事君，則具備了作人的條件，自然言滿天下無口過，行滿天下無怨惡，立身行道，以顯父母。此之謂孝。

孝經分孝為五等，一天子之孝，愛敬盡於事親，德教加於百姓。二諸侯之孝，不驕不危，以保其社稷。三卿大夫之孝，言行無過，以守其宗廟。四士之孝，忠順不失，以事其上，以保祿位，而守其祭祀。五庶人之孝，謹身節用以養父母。子曰「夫孝天之經也，地之義也，民之行也」。誠哉斯言。

第十節 論語

論語的界說 論語書名，為孔子教人立身處世，治國經邦之大道，以論仁為中心思想。

論語的作者 論語一書，漢書藝文志論語類，敘為孔子門人作。柳宗元以為曾子弟子作。程頤以為曾子有子之弟子作。按論語廿篇，對孔子稱子或稱孔子。對孔子門人，或稱其字，或指其名。惟對曾參有若二人，則稱子，凡數見。而對閔損冉求亦稱子，但各僅一見。由其稱謂之不同，則知作者非一人。蓋孔子門人，記孔子門人，記孔子之言行，並述時人與孔子，或與孔子弟子知問答。而孔子門人之弟子，則記其師之言行及其師所傳孔子之言。相與輯而論纂成為論語。由此可知論語似非出於一二人之手。蓋為孔子門人，及門人之弟子所作。漢書藝文志及程氏之說為近是。

論語的種類　論語在漢代有三種：曰魯論，曰齊論，曰古論，劉向別錄云：「魯人所學，謂之魯論，齊人所學，謂之齊論，孔壁所得，謂之古論」。魯論凡二十篇，也就是現行本。齊論二十二篇，多出王問、知道兩篇。後為張禹所刪，後世無傳。古論凡二十一篇，分堯曰篇「子張問於孔子曰，何如斯可以從政矣」以下為一篇，名曰從政篇。即漢志所謂兩子張。孔安國撰古論語傳。清沈濤謂孔安國古論語傳，是魏何晏所偽撰。魯論齊論為今文，古論為古文。齊論、古論亡於隋唐，魯論獨存。

論語的篇目　論語二十篇，記孔子之言論，有談修養的，有談教學的，有談待人接物的，其中以論仁為最詳明。亦有記孔子生活態度的，及孔子弟子的言行的。

學而第一	為政第二	八佾第三
里仁第四	公冶長第五	雍也第六
述而第七	泰伯第八	子罕第九
鄉黨第十	先進第十一	顏淵第十二
子路第十三	憲問第十四	衛靈公第十五
季氏第十六	陽貨第十七	微子第十八
子張第十九	堯曰第二十	

孔子的中心思想，孔子名丘字仲尼，魯國陬邑昌平鄉人，生於周靈王二十一年，即魯襄公二十二

年，西曆紀元前，五百五十一年。卒於周敬王四十一年，即魯哀公十六年，西曆紀元前，四百七十九年，享年七十三歲。他的祖先是宋人，後徙居於魯，定公九年為中都宰，十一年為司空，十二年為司寇。十年為定公儐相，會齊侯於夾谷，爭還汶陽之田。定公十四年，由司寇攝相事，誅亂政者少正卯，魯大治。齊人聞而懼，乃送女樂給魯君，魯君怠於政事，孔子遂棄官去魯，周遊列國，國君莫能用，乃自衛反魯，訂禮樂。筆削魯史記春秋，寓褒貶之意。他打破階級及國界觀念，廣收學生，開私人講學之用。孔子以仁教人，仁是他的中心思想。仁的具體表現，是忠恕。所以曾子云：「夫子之道，忠恕而已矣」。朱子曰：「盡己之謂忠，推己之謂恕」。所謂忠，所謂恕，不是一個人可以表現出來的，要從人與人的關係上看，所以仁字從二人。鄭康成解為相人偶。仁之極，可以成已，可以成物，由修齊到治平。他的政治哲學，是一個仁字。他主張不以權威來管理人民，而用禮和德來感化人民。所以他說：「道之以政，齊之以刑，民免而無恥，道之以德，齊之以禮，有恥且格」。以政刑管理人民，人民雖然外表恭順，但不能心悅誠服。以德禮領導人民，則人民心悅誠服而知恥，格正心中之非，大澈大悟，永遠作好人。在為政的效果上，政刑是暫時的，而德禮是永久的。孔子又主張「為政在人」，他答季康子問政，則曰：「政者正也，子帥以政，孰敢不正」。又曰：「子為政，焉用殺，子欲善，而民善矣」。答子路問政，則曰：「其身正不令而行，其身不正，雖令不從」。總括這些話，都在說明為政在人，是要以身作領導。孔子的教學方法，是注重學生的個性，如弟子們的問孝、問仁、問聞行，都有不同的解答，以啟發的方式，使學生潛移默化。學生有三千之多，通六藝者，七十二人。他確是一個偉大的導師。

第十一節　大學

大學的界說　朱注「大學者，大人之學也」。又大學章句序云：「大學之書，古之大學，所以教人之法也」。是大學有二義，一為大學之書，一為古代所辦之大學。古代小學所教，只是書數及灑掃應對之節，而俊秀子弟升入大學，則教以窮理正心修己治人之道，以養成人格完美的大人。故大學雖有二義，但並行不悖。

大學的作者　鄭玄禮記目錄，僅言子思作中庸，而不及大學之作者。至南宋朱熹斷為曾子作，清儒多非之。大學作者，議論紛紜，究為何人作，似難臆斷。

大學的單行本　大學本為小戴記之篇名，宋以前不單行，宋仁宗以大學賜進士王拱宸等。南宋朱熹作大學章句，以與論語中庸孟子合稱為四書。

大學的內容　朱子分大學為經一章傳十章，以經為孔子之意，而曾子述之，傳則曾子之意而門入記之。經一章是總論，提出三綱領八條目及本末、始終，用傳十章以說明之。這是儒家倫理政治哲學。

一、三綱領

明明德、親民、止至善、是大學的三綱領。明德是光明正大之德，是天賦的。但這光明之德，有時為私慾所蔽，昏暗不明，就要用上一番工夫，去人慾，存天理，把原來的明德再光大起來，這就叫做明「明德」。自己明明德以後，又要使天下人都明明德，這叫做親民，親民就是新民，使人去其舊染之污，日日新又日新，也就是「己立立人」、「己達達人」的意思。所謂至善，就是最善，止至善，就是要以至善為目的，凡是明明德親民，都要達到善的最高境界。

二、八條目

格物、致知、誠意、正心、修身、齊家、治國、平天下是大學的八條目。格物致知誠意正心，都是修身工夫。齊家治國平天下，是由己身推而及人。故修身為本，治平為末。朱子訓格為至，格物就是格物窮理，以求至乎其極，由窮理而得知。陽明訓格為正，與孟子格君心之非的格同義。故曰為善去惡是格物。而以致知為致吾之良知。二家之說，似有不同。朱子是由於外的事物下工夫。陽明是於內心本有的知善知惡的良知下工夫。朱子是由外以及內，陽明是自內以及外，這是工夫次第的不同而已。其實心物是一元的，不能截然分開的。有心而無物，心的作用如何表現，如為子當孝，孝發於心，形於事物，中庸云：「夫孝者，善繼人之志，善述人之事者也」，繼述就是事，心與事務交感互發，才能完成孝之大用。孝是如此，其他一切都是如此。若物而不主於心，則物無所附著，物慾泛濫，必為大害。陽明雖偏重於心的方面，但他又主張知行合一，行就是事物的表現，知行合一，就是內外一致，也就是心物合一，心為物之主，物為心之用，心物合一的行動，始得其正，始竟其功。故朱王之釋格物致知，僅是次第上之差異，實際是相同的。似不必泥於次第之異，造成門戶之見。格物致知之義既明，則知者不惑，對一切事物之理，觸類旁通，明其全體大用，則意自誠，心自正，而身自修，成己而後成物，以之齊家，則家齊。以之治國，則國治。以之平天下，則天下平。

三、本末始終

大學首章云：「物有本末，事有終始，知所先後，則近道矣」。就物而言，如樹幹為本，樹枝為末。就事而言，事之起頭曰始，事之結束曰終。就道而言，明明德為本，親民微末。知止為始，能得為終。本始所先，末終所後。此大學教人之次第，學者當循序求之。

第十二節 中庸

中庸的界說 中是無過不及之意，庸兼用與常二義。中為常用之道，故曰中庸。

中庸的作者 子思作中庸，見於史記孔子世家，及鄭玄禮記目錄。隋書音樂志引梁沈約曰：「中庸表記坊記緇衣，皆取於子思子」。但清袁枚云：「論孟言山，均稱太山，而中庸則稱華嶽，疑為西京偽託」。說文序云：「戰國之時，車涂異軌，律令異法，文字異形」。而中庸則曰：「今天下車同軌，書同文」。據此則中庸似為秦統一後事，為漢儒作品。但今人陳槃先生考證「車同軌、書同文」，在兩周已然，不始於秦時。載華嶽而不重，一本作山嶽」。如此則袁氏及許氏之說，均不得其實。

中庸的單行本 中庸為小戴記篇名。漢書藝文志禮類，列「中庸說二篇」。隨書經籍志禮類，列「宋戴顒禮記中庸傳二卷。梁武帝中庸講疏一卷。私記制旨中庸義五卷」。中庸別行之本，由來已久。宋朱熹以中庸與論語大學孟子，合稱四書。

中庸的內容

中庸云：「天命之謂性，率性之謂道，修道之謂教」。人的本性由於天賦，天就是自然，所以性也是自然的。而此性是善的，遵循此善性，就是道。此道也就是中庸之道。聖人為要發揮此道，本諸善以為禮樂刑政，以教天下之人，就是教。而性善之要，在於中和。何謂中和。人的情感在未發動的時候，此心寂然不動，沒有過不及之現象，不偏不倚，這是中。如果情感發之於外，無所乖戾，洽得其當，這是和。中和之道，可以序人倫，撫百姓，協和萬邦。及其極致，則可與天地同功。故曰「致中和，天地位焉，萬物育焉」。這樣，人生即是宇宙，宇宙即是人生，形成天地人三位一體的宇宙觀。但此中和之道，要常常保存著，所以要時中，時中就是要隨時而處其中，不能有一時的疏忽，否則不是中庸之道。中庸之道何在？在人。人要修道，修道的工夫，要從平易做起，實踐平常的道德，謹守平常的言論，在本分內，做應當做的事，自己不願意的事，不要加在別人身上，好像走路，由近以及遠，好像爬山，由下以登高。這樣努力不懈，自然可以達到至善的地步。在家可以順父母，祭祀可以感到鬼神，在國可以體羣臣，子庶民，來百工。而此努力的原動力是誠字，誠就是毋自欺。而誠又分「天道」與「人道」。故曰：誠者天之道也，誠之者人之道也」。誠是自然的，不用勉強，不用思慮，很從容的合於誠，這是天道。人既受天之性以生，恐失去固有之誠，又要時常檢討自己，用學養的工夫，充實自己，不能有絲毫的虛偽，這是人道。天道之誠，是由內以及外，自誠意而明善，就是天性，故曰：「自誠明謂之性」。人道之誠，是由外以及內，從明善而誠身，也就是教，故曰：「自明誠謂之教」。誠與明二者，交感互發，故曰：「誠則明矣，明則誠矣」。誠的作用，到了極峯，則能成己成物，贊天地之化育，與天地參，故曰：「唯天下至誠為能化」。大而化之，則可以前知，故曰：「至誠如神」。誠是如此的重要，如此的妙用。至誠法天，天行不息，故至誠亦不息，既不息，自然可以持久有恆，廣博深厚，充實而有光輝。所以君子，要尊天命之性，行中庸之道，最後達到知人之天的境界。而誠的工夫，又要「內省不疚，無惡於志」，也就是慎獨。所以慎獨是誠的工夫，而誠是中和的要素，中和是中庸之大本。這是儒家的人生哲學精義所在。

第十三節　孟　子

孟子的界說　孟子書名，孟子七篇，尊王賤霸，重仁義，輕功利，主性善之說。漢唐藝文，列孟子於子部，宋代始尊為經。

孟子的作者　孟子一書，司馬遷、應劭、趙岐，以為孟軻自作。吳、姚信，唐、韓愈以為孟子門人作。宋晁公武讀書志，引晁說之的話云：「今考其書，載孟子門人作。宋晁公武讀書志，引晁說之的話云：「今考其書，載孟子所見諸侯，皆稱諡，如齊宣王、梁惠王、襄王、滕定公、文公、魯平公是也。夫死然後稱謚，軻著書時，所見諸侯，不應皆前死。且惠王元年至平公之卒，凡七十七年，軻始見惠王，王目之曰叟，必已老矣，決不見平公之卒，故予以愈言為然」。近人陳伯弢經學通論反駁晁說之之說，曰：「孟子卒於赧王二十六年，即齊湣王十三年，魯湣公七年，魏昭王七年，則齊宣、魯平、梁惠、襄、皆已前卒矣，何俟門人為之加謚，後人私臆推測，未若漢人之舊說可信」。按陳氏之論，似亦非的，稱諸侯之謚，不應只限於孟軻本人，其門人亦得而稱之。豈能以孟子稱諸侯之謚，遂斷定孟子為孟軻所自作。孟子七篇，對孟軻皆稱子，而公孫丑滕文公兩篇，公孫丑陳臻皆稱孟子為夫子，可知孟子一書，為孟子門人作。但公孫丑篇，又有時人因陳子而以告孟子一語，陳子即陳臻，如此則孟子亦有陳臻的子之作在內。故孟子一書，似為孟子門人及其門人之弟子所作。

孟子的師承　孟子的師承問題，說者不一，司馬遷謂為孟子受業於子思之門人。班固說他為子思之弟子。風俗通說他受業於子思。列女傳說他師事子思。按史記孔子世家及明人孟子年譜考之，孟子受業於子思孫子家。而孟子外書，則曰：「軻嘗受業於子思之子子上」，似為失之。

孟子的篇目　孟子七篇各分上下。有談心性的，有談休養的，有談處世的，有談政治的，有批評人事的。

一梁惠王上下　二公孫丑上下　三滕文公上下　四離婁上下

五萬章上下　六告子上下　七盡心上下

孟子的中心思想　孟子名軻鄒人，生於周烈王四年。幼受母訓。年四十一周遊列國，往來宋滕梁齊薛魯之間，周赧王廿六年卒年八十四。孟子既卒，其門人及再傳弟子，相與論纂，著孟子七篇。孟子七篇，對於政治人事多所發揮，立論亦多精闢，而性善之說，尤為儒家所宗。孟子說，人皆有「惻隱之心」、「羞惡之心」、「恭敬之心」、「是非之心」。這四種心，就是仁義禮知，也就是理性。仁義禮知是天賦的，不待外求，為人所獨有，而禽獸所無，人若去之，則近於禽獸。而這理性，乃在於心的思考，能思考，然後能辨別是非善惡。若擴此四端而大之，則可入於聖人之域。至於一般小人，因受惡劣環境的影響，失其本性，這是後天的失調，不是先天的不足。他曾用牛山之木，和麰麥說明這種道理。所以他要人盡心知性，存心養性，以知天事天，使人和宇宙萬物，合為一體，故曰：「萬物皆備於我矣，反身而誠，樂莫大焉」。這算是達到盡性的最高境界。孟子為提倡仁義。反對不義的戰爭，故曰：「善戰者服上刑」。他主張行井田之制，以推行仁政。故曰：「方里而井，井九百畝，其中為公田，八家皆私百畝，同養公田」。這樣公私分開，免得國君，濫征田賦，加重人民負擔。又主張：「市廛而不征」，「關譏而不征」，以減輕貨稅。仁政的設施，以愛民為主，他把民看得很重要，他說：「民為貴，社稷次之，君為輕」。他的政治思想，與現代的民主政治相近。

第二章 史學

第一節 概說

史學的界說 說文云：「史記事者也，從又持中，中正也。」這是說君有事，良臣直書之，所以從手持中。史就是把人類活動的經驗，不偏不倚的毫不隱避的紀載下來，為後人的參考。凡是政治、經濟、學術、風俗等莫不有史，謂之廣義的史。紀傳、編年、紀事本末、政書、史評等，謂之狹義的史。此為本章所及。

史的起源 人類自有文字以後，文化漸進，國事日繁，於是有史官以記其事。相傳黃帝始立史官，歷代仍其舊制。禮記玉藻云：「動則左史書之，言則右史書之」。可知史官原非一人。周禮春官有太史、小史、內史、御史之設。及周衰，王官之學，不專為天子所有，如晉楚魯皆各有史。孔子刪定魯史春秋，為編年之始。秦以國祚不永，史學未備。至司馬遷作史記，創紀傳體，為紀傳之鼻祖。

史的體例 唐劉知幾論史的體例：「分編年與紀傳二體」，編年體，以年月為線索，排列次序，春秋為之祖。紀傳體，以人物為中心，史紀為之祖。章學誠又以漢書為斷代之祖。宋袁樞作通鑑紀事本末，以一事命篇，每篇按年月排列，陳述始終，而研究其因果，在史書中又為創格。唐杜佑的通典，宋鄭樵的通志，元馬端臨的文獻通考，是記述文物制度沿革的書，稱為政書。此外又有史評，如唐劉知幾的史通，清章學誠的文史通義，都是史的方法論。明王夫之地讀通鑑及宋論，都是評論史事的。清王鳴盛的十七史商榷，趙翼的二十二史劄記，錢大昕的二十一史考異，可說都是史的考證，也算是史的一種體例。

第二節　紀傳體

史記　漢司馬遷撰。武帝時，遷父談為太史令，談卒，遷繼為太史令。遷遭李陵之禍，受腐刑，乃發憤著書，作史記。其書在當時不傳，宣帝時，其外孫楊惲為之刊行。史記上起黃帝，下訖漢武，內分：本紀十二，表十，書八，世家三十，列傳七十，凡一百三十篇。其中，景紀、武紀、將相年表、禮書、樂書、律書、三王世家，傅寬靳歙周緤列傳，日者列傳，龜策列傳十篇，有錄無書，元帝成帝間，褚少孫等為之補入。史記注，有南朝宋裴駰集解，唐司馬貞索隱，張守節正義為最著。

漢書　東漢班固撰。固繼父遺志作漢書。起於高祖，終於孝平王莽之誅。本紀十二，年表八，志十，列傳七十，凡一百卷。其中亦有分為上下，或上中下者，今本為一百二十卷。八表及天文志未成而卒。和帝詔固妹昭校敘，馬續與昭共續成之。唐顏師古有漢書注，清王先謙有漢書補注。

後漢書　南朝宋范曄撰。自晉以來，後漢書作者十餘家，范曄刪定諸書，而仍其舊名。自光武起，至獻帝止。紀十，志十，列傳八十，凡百卷。志十未成而卒，實成九十卷。梁劉昭病范書無志，取司馬彪續漢書八志注而補之，為三十卷。故今本為一百二十卷。唐章懷太子李賢作注。

三國志 晉陳壽撰。共六十五卷。魏書三十卷，為紀四，列傳二十六。蜀書十五卷，為列傳十五。吳書二十卷，為列傳二十。以魏為正統，所以魏書有紀。唐劉知幾評之曰：「曲陳曹美，虛說劉非」。南朝宋裴松之注，盧弼集解。清夏敬渠著野叟曝言舉二十四事，以證明陳壽之不帝魏，為陳壽伸冤頗為得間。

晉書 唐太宗勅房玄齡、褚遂良、許敬宗等撰。帝紀十，志二十，列傳七十，及載記三十，凡一百三十卷。有吳士鑑，劉承幹注。

宋書 梁沈約撰，有帝紀十，志三十，列傳六十，凡一百卷。多就徐爰舊本增刪之。後裴子野更刪為宋略二十卷。沈約見而歎曰，「吾所不逮也」。由是言宋史者，以宋略為主，宋書次之。

南齊書 梁蕭子顯撰。共六十卷。今存五十九卷。本紀八，志十一，列傳四十。北宋刻本尚有進書表，今本已無。吳均又撰齊春秋三十篇，梁武帝惡其直，詔焚之。然其私本仍與蕭本同行於世。

梁書 唐貞觀三年，姚思廉奉勅撰。共五十六卷，本紀六，列傳五十。思廉本其父察之意成書。

陳書 唐姚思廉奉勅撰。共三十六卷。本紀六，列傳三十。

後魏書 北齊魏收撰。凡百十四卷。本紀十二，志十，列傳九十二。其中亦有分為上下，或上中下者，共多出十六篇，故舊分為一百三十卷。多歪曲事實，號為穢史。

北齊書 隋李百藥撰。共五十卷。本紀八，列傳四十二。百藥續其父德林之作而成。北宋以後，書多散佚，今本為後人取北史所補成者。

周書　唐令狐德棻奉太宗詔撰。共五十卷。本紀八，列傳四十二。北宋時尚有全本，後殘闕。今本係後人取北史補成。

隋書　唐貞觀三年，長孫無忌等撰。共八十五卷。本紀五，志三十，列傳五十。　南史　唐李延壽撰。共八十卷。紀十，列傳七十，起於劉宋止於陳。

北史　唐李延壽撰。共一百卷，本紀十二，列傳八十八，起於北魏，止於隋。

舊唐書　五代後晉劉昫奉勅撰。共二百卷。帝紀二十，志三十，列傳一百五十。宋歐陽修撰新唐書，舊唐書乃廢，然仍流傳民間。清乾隆時，與新唐書列為二十四史之一。

新唐書　北宋歐陽修宋祁等奉勅撰。共二百二十五卷。本紀十，志五十，表十五，列傳一百五十。其中志，表，列傳，或分上下兩卷，或分上中下三卷，故志五十卷，可析為五十六卷。表十五卷，可析為二十二卷。列傳一百五十卷，可析為一百六十卷。故二百二十五卷，亦稱二百三十八卷。此書係刪改舊唐書而成。事比舊書增多，而文則較省。本紀、志、表、出於歐陽修，列傳出於宋祁。

舊五代史　北宋薛居正奉勅撰。共一百五十卷。本紀六十一，志十二，列傳七十七。歐陽修五代史記出，金章宗下令采用。歷元明清，舊五代史遂漸湮沒。乾隆時，自永樂大典輯出，考證補綴，頗復舊觀。

新五代史　宋歐陽修私撰。乃五代史記之別稱。修死後，詔取其書刻印。共七十四卷。本紀十二，列傳四十五，考三，世家十，十國年譜一，四夷錄三。有徐無黨注行世。

宋史 元脫脫等撰。共四百九十六卷。本紀四十七卷，志一百六十二卷，年表三十二卷，列傳二百五十五卷。不善編次，疏漏頗多。

遼史 元脫脫等撰。共一百一十六卷。本紀三十卷，志三十一卷，表八卷，列傳四十六卷。本卷為國語解。

金史 元脫脫等撰。共一百三十五卷。本紀十九卷，志三十九卷，表四卷，列傳七十三卷。末附金國語解一卷，為清乾隆時所補，故亦稱一百三十六卷。在宋遼金三史中，以此史為最佳。

元史 明宋濂等撰。共二百零三卷。本紀四十七，志五十三，表六，列傳九十七。其中志，表或分上下兩卷。故志五十三卷。可析為五十八卷。表六卷，可析為八卷。故二百零三卷，亦稱二百一十卷。成書倉卒，不無瑕疵。

明史 清張廷玉等撰。共三百三十二卷。本紀二十四卷，志七十五卷，表一十三卷，列傳二百二十卷。又附目錄四卷。故亦作三百三十六卷。此書之編纂，起於康熙十七年，止於乾隆初年，歷時達六十年之久，始告成功。除以上二十四史外。又有清膠州柯劭忞撰新元史二百五十七卷。本紀二十六，表七，志七十，列傳一百五十四，於舊元史多所補正。民國九年列入正史，遂有二十五史之稱。近人又加明，柯維琪，所撰宋史新編二百卷，合稱為二十六史。

第三節　編年體

漢紀　漢荀悅撰。漢獻帝令荀悅刪訂漢書作漢紀三十卷。列其年月，比其事，撮要舉凡。其後晉袁宏仿漢紀體，作後漢紀三十篇。

資治通鑑　宋司馬光撰。光於英宗治平四年，奉詔作書，於神宗元豐七年進呈，歷時凡十九年。此書上溯三家分晉，下訖唐五代，取一千三百六十二年的事蹟，十七史的記述，詳敍歷代治亂興衰，以為治國之龜鑑。為書二百九十四卷。神宗命名曰資治通鑑。其後南宋李燾作續資治通鑑長編。而朱熹的通鑑綱目，尤為著名，與資治通鑑，合稱兩通鑑。明陳桱作通鑑續編。清徐乾學作資治通鑑後編，畢沅作續資治通鑑。

明紀　清陳鶴撰。凡六十卷。

第四節　紀事本末體

通鑑紀事本末　宋袁樞撰。凡四十二卷。四庫提要云：「樞因司馬光資治通鑑，區別門目，以類排纂，每事各詳起訖，自為標題，每篇各編年月，自為首尾，始於三家分晉，終於周世宗征淮南，包括千餘年事蹟」。

左傳紀事本末　清高士奇撰。凡五十三卷。

宋史紀事本末　明陳邦瞻撰。凡一百九卷或作二十六卷。

遼史紀事本末　清李有棠撰。凡四十卷。　金史紀事本末　清李有棠撰。凡五十二卷。

西夏紀事本末　清張鑑春撰。凡三十六卷。

元史紀事本末　明陳邦瞻撰。凡二十七卷或作四卷。

明史紀事本末　清谷應泰撰。凡八十卷。

三藩紀事本末　清楊陸榮撰。凡四卷。

第五節　政　書

通典　唐杜佑撰。共二百卷。上溯黃帝至於有唐天寶末。按事分類，歷代的沿革，及時人的議論，條載而附之於事，號曰通典。計食貨十二卷。選舉六卷。職官二十二卷。禮一百卷。樂七卷。兵十五卷。刑八卷。州郡十四卷。邊防十六卷。共九門。每門又分子目。

通志　宋鄭樵撰。共二百卷。自三皇紀至隋。內分：帝紀十八卷，皇后列傳二卷。年譜四卷，略五十一卷，列傳一百二十五卷。四庫總目，以通志入別史類。張之洞書目答問，列為政書類。

文獻通考　元馬端臨撰。起唐虞，訖於宋。凡三百四十八卷。內分：田賦考七卷，錢幣考二卷。戶口考二卷，職役考二卷，征榷考六卷，市糴考二卷，土貢考一卷，國用考五卷，選舉考十二卷，學校考七卷，職官考二十一卷，郊社考二十三卷，宗廟考十五卷，王禮考二十二卷，樂考二十一卷，兵考十三卷，刑考十二卷，經籍考七十六卷，帝系考十卷，封建考十八卷，象緯考十七卷，物異考二十卷，輿地考九卷，四裔考二十五卷。此書門類，係就通典加以修訂。其中經籍，帝系、封建、象緯、物異，則為通典所無，而增譯者。其餘則悉效通典之成規，與通典通志稱為三通。

續通典　清乾隆勅撰。共一百五十卷。起唐肅宗至德元年，訖明崇禎末年。

續通志　清乾隆勅撰。凡六百四十卷。起於唐止於元。

續文獻通考　初明王圻續輯遼金元明四朝文獻，成續文獻通考，共二百五十四卷。清高宗又勅撰二百五十卷，採摭宋遼金元明五朝事蹟，大抵事蹟先徵正史，而參以說部雜編，議論則博取文集，而佐以史評語錄，其采王圻舊本者十分不及其一，書成，而王圻書幾廢。

清通典一百卷。清通志一百二十六卷。清文獻通考三百卷，為乾隆勅撰。與三通、續三通、稱為九通。清光緒時，劉景藻又撰續清通考，名曰十通。

第六節　史評與考據

史通　唐劉知幾撰。原有五十二篇，今存四十九篇。為吾國研究史學最早的書。梁啟超中國史學之成立與發展一文，指出史通的價值，有三點：

一、他對史學體裁，考釋完全，而且對每種體裁如何作法，都引出個端緒。

二、他極力發揮多人合修官史的不行，應有一個專家，用自己的眼光，成一家之言。

三、史料的審查，他最注重。他敢懷疑前人所不敢懷疑者，他告訴我們，史料不可輕信，史料不可輕用。

文史通義 清章學誠撰。梁啟超指出他的幾種特點。

一、他主張史學分科，國史的基本資料，要從各種方志打底子。把從前歷史，以中央政治為中心的方法打破，注重各地方的歷史，以為方志與歷史，價值是相等的。

二、他不注重史料的審查和別擇，他專提倡保存史料的方法。主張中央和地方，都應有保存史料的機關。

三、他主張史家的著作，應自成一家言，將他自己的道術表現在歷史上，如是方可稱為史家，才有永久的價值。

讀通鑑論及宋論 二書為明王夫之撰。借史事，以發抒意見。可以幫助我們了解他所評論那些史事的內容。可作為研究歷史作家思想的材料。

十七史商榷二十二史劄記二十一史考異 這都是史的考證學。我們讀史難免疑惑，若僅憑臆斷，容易錯誤。考證家根據各家說法斷以己意，見解比較正確。所以考證學對於史書的閱讀，及史事的了解，都有很大的幫助。

第三章 子學

第一節 概說

子學的界說 子是男子的美稱，何休公羊解詁云：「古者士大夫，通稱曰子」，周秦以前，學者講述，或由弟子記述成書，所以尊其師曰子。何休云：「以子冠上，著其為師」後人遂以其人之名，名其書。

諸子的起源

一、出於王官說 始於劉歆七略。班固漢書藝文志煮其說，分諸子為十家：儒家者流蓋出於司徒之官。道家者流蓋出於史官。陰陽家者流蓋出於羲和之官。法家者流蓋出於理官。名家者流蓋出於禮官。墨家者流蓋出於清廟之守。縱橫家者流蓋出於行人之官。雜家者流蓋出於議官。農家者流蓋出於農稷之官。小說家者流蓋出於稗官。

二、不出於王官說 淮南子要略云：「諸子之學，皆起於救世之弊，應時而興」。胡適是其說。春秋戰國為中國學術思想黃金時代，子學之所以發達，自有其因果關係。西周盛時，一切命令自天子出。及西戎入寇，平王東遷，中央失勢，官學日衰，私學日盛，孔子倡於前，七十子繼於後。到了戰國，蔚為風氣，支分派別，遂成諸子之學。各恃其才，各展其學，各引一端，崇其所善，以此馳說，取合於諸侯。有的反對舊的，要建設新的。有的徹底反對人為。他們的主張，雖有不同，然而都是要解決社會問題拯救百姓的。班固云：「使其人遭明王聖主，得其所折中，皆股肱之材已」。章學誠也說他們思以其道易天下。諸子之學，都有他的社會背景和目的。他的發展乃是自然的趨勢，似亦不必拘泥出於王官之說。

諸子的派別

一、莊子天下篇，分為六家十三子。⑴墨翟，禽滑釐。⑵宋鈃，尹文。⑶彭蒙，田駢，慎到。⑷關尹，老　。⑸莊周。⑹惠施，桓團，公孫龍。

二、荀子非十二子，分為六家十二子。⑴它囂，魏牟。⑵陳仲，史鰌。⑶墨翟，宋鈃。⑷慎到，田駢。⑸惠施，鄧析。⑹子思，孟軻。

三、司馬談論六家要旨，分為六家。⑴陰陽家。⑵儒家。⑶墨家。⑷法家。⑸名家。⑹道家。

四、班固漢書藝文志，分諸子為十家。⑴儒家。⑵道家。⑶陰陽家。⑷法家。⑸名家。⑹墨家。⑺縱橫家。⑻雜家。⑼農家。⑽小說家。

按班固分諸子為十家，合於司馬談所分者，有六家。農與小說兩家。書以散佚。其言論，或見於他書。縱橫家是戰國說士，說其時主的策略，非有系統的學術。雜家乃雜錄各家之言，亦無中心思想。其能持之有故，言之成理，自成一家之言者，只有儒、道、法、名、墨，陰陽，六家而已。

第二節　儒　家

儒家的界說　說文解字云：「儒柔也，術士之稱」。可見儒即學者之通稱。其學在於序君臣父子之禮，列夫婦長幼之別，重朋友往來之信，以此為治平大道。

儒家的派別　荀子效儒篇，以周公孔子為儒家代表人物。韓非子顯學篇，分儒家為子張、子思、顏氏、孟氏、漆雕氏、仲良氏、孫氏、樂正氏八派。

儒家各派的學說

一、孔子　見第一章第十節

二、曾子　春秋武城人，名參，字子輿，孔子弟子。漢書藝文志，載曾子十八篇，今存十篇，見大戴禮記。相傳曾子述大學論孝。大學見第一章第十一節，其論孝云：「大孝尊親，其次不辱，其下能養」。他把孝分成上中下三等，他說「參直能養者也」。他是居於孝的第三等。所謂大孝尊親，就是孝經所說的：「立身行道，揚名於後世，以顯父母」。所謂不辱，就是謹身遠害，不陷刑戮，也就是孝經所說：「身體髮膚受之父母，不敢毀傷」。所謂能養，就是僅養口體，而不能敬。他說：「身者親之遺體也，行親之遺體，敢不敬乎，故居處不莊，非孝也。事君不忠，非孝也。莅官不敬，非孝也。朋友不信，非孝也。戰陣無勇，非孝也。五者不遂，災及乎身，敢不孝乎。故烹熟鮮香，嘗而進之，非孝也，養也」。他把孝作廣義的解釋，由家庭到社會國家，一切行為，若能合於知仁勇的條件，都是孝，曾子的修養，在孝的方面，最為成功。所以孟子稱他事親能養志。能養志，就是敬的表現。

三、子思 名伋是孔子孫。為曾子弟子，其書久佚。只有中庸、坊記、表記、緇衣四篇，見大戴禮記。坊記記六藝之義，以防人之失。表記記君之得，見於儀表者。緇衣記好賢之厚意。此三篇為子思門人所記，以述子思之意。中庸，見第一章，第十二節。

四、孟子 見第一章第十三節。

五、荀子 名況，字卿，戰國趙人。曾遊學於齊，後遊秦，又遊趙，末後到楚。那時春申君當國。使荀卿為蘭陵令，春申君死後，在蘭陵住家，後死於蘭陵。漢書藝文志儒家類，列孫卿子三十三篇，又賦類，列孫卿賦十篇。今本荀子三十二篇，內有賦五篇，詩兩篇。

荀子論天，要征服天行，以為人用，天論篇云：「從天而頌之，孰與制天命而用之。望時而待之，孰與應時而使之」。這是倍根的勘天主義。他論性，極力壓倒天性，注重人為，性惡篇云：「人之性惡，其善偽也，今人之性，生而有好利焉，順是，故爭奪生，而辭讓亡焉。生而有疾惡焉，順是，故殘賊生而忠信亡焉。生而有耳目之欲，好聲色焉，順是，故淫亂生，而禮義文理亡焉。然則從人之性，順人之情，必出於爭奪，合於犯分亂理，而歸於暴，故必將有師法之化，禮義知道，然後出於辭讓，合於文理，而歸於治。用此觀之，然則人之性惡明矣，其善者偽也」。這就是說，人之性本是惡的。必賴教育的力量，變化氣質，使其向善，而歸於治。他的教育方法，是積善隆禮，勸學篇云：「積善成德，而神明自得，聖心備焉」。又云：「禮者，法之大分，類之綱紀也，故學至乎禮而止矣」。積善隆禮，為的要人走向善的領域去。荀子與孟子，同為儒家的嫡派，論性則洽相反。世或以此詆誹荀子。過矣。孟子之所謂性善，乃勉人為善，勿淪於惡。荀子之言性惡，乃勸人除惡為善。說法不同，而其宗旨則一。是易所謂「殊途而同歸，一致而百慮」，的道理。孟荀未可輕為軒輊。

第三節　道　家

道的界說　道為道德的簡稱。老子一書，一名道德經。道德為老子的基本觀念，道即自然的道，德是道表現在事物上的。道為萬物所以生，所以然的總原理，德為萬物所得於道以生成者，故老子曰：「道生之，德畜之」。

道的派別　道家學說創於老子，繼其學者，有關尹，列禦寇，楊朱，莊周等。關尹貴清，列子貴虛，楊朱貴己，莊子主張委心任運，頗有出世思想。

道家各派的學說

一、老子　楚國苦縣，厲鄉，曲仁里人。名耳字伯陽諡曰聃，姓李氏。他的生卒，據胡適考證，當生於周靈王初年，當西曆前五七〇年左右，享壽至多九十歲，比孔子大二十歲。他做過周守藏史，著道德經五千言。分上下兩篇，共八十一章。

老子之所謂道，是永久不變的。為宇宙最高的原理。二十五章云：「有物混成，先天地生，寂兮寥兮，獨立而不改，周行而不殆，可以為天下母，吾不知其名，字之曰道，強為之名曰大」這是說，天地亦生於道，在未有天地之先，已有此道，而此道無形可象，不變不息，萬物皆生於道。一章云：「道可道，非常道，名可名，非常名。無，名天地之始，有，名萬物之母」。道與事物不同，事物有形可象，所以可名曰有，而道非事物，無形可象，只可謂之無。道是不易了解的，是玄妙的，所以又說：「玄之又玄」。如有人能心領神會，識其表裏精粗，明其全體大用，則眾妙畢陳於分寸之間，無異走入其門，盡窺其妙。然此玄妙之門，由何而入。二十五章云：「王法地，地法天，天法道，道法自然」。自然是道之根源，人在地上觀察種種現象，取法於它，所以說「王法地」。地上萬物的生成，是由天體的運行，陰陽的變化，所以說「地法天」。天之運行，健而不息，不知其所以然，此即所謂道，所以說「天法道」。而道是看不到，聽不到，摸不到，無形可象，混然而成，也不知其所以然而然，這自然之理，非人之所為，所以「道法自然」。總之道家之所謂「道」，就是尚自然，反對人為的人生哲學。

老子既尚自然，所以澈底反對人為。十八章云：「大道廢、有仁義、智慧出、有大偽」。所謂仁義智慧，都是人為的，不是道，不是自然。五十八章云：「其政悶悶，其民淳淳。其政察察，其民缺缺」。七十五章云：「民之難治，以其上之有為，是以難治」。五十七章運：「我無事而民自富，我無欲而民自樸」。這些話，都是說，治人者，好煩其令，好逞其欲，朝三暮四，使民無所從，非所以福民，適所以害民。不若順其自然，各適其天，大家相安無事，倒覺快樂。五十七章云：「法令滋彰，盜賊多有」。二十九章云：「天下神器不可為也，不可執也，為者敗之，執者失之」。他以堅強的態度，激烈的言論，反對人為，呪罵人為。因此他又主張不爭，八章云：「上善若水，水利萬物而不爭，夫唯不爭，故無尤」。六十六章云：「江海所以能為百谷王者，以其善下之，故能為百谷王」。不與人爭，人自不與我爭，不爭是高尚的美德。十章云：「生而不有，為而不恃」。八十一章云：「既以為人，己愈有。既以與人，己愈多」。人能去嬌氣與多欲，不患得患失，幫助別人，又有什麼可爭？而去驕氣與多欲，又要戒盈滿。九章云：「持而盈之，不如其已，揣而銳之，不可常保，金玉滿堂，莫之能守，富貴而驕，自遺其咎，功成名遂身退，天之道」。這是易謙卦「謙謙君子，卑以自牧」的道理。故人要求福免禍，非戒爭不可，而戒爭，必先戒盈。他又主張以弱勝強，以柔克堅，以靜制動。七十六章云：「堅強者死之徒，柔弱者生之徒」。四十三章云：「天下之至柔，馳騁天下之至堅」。五十七章云：「我好靜，而民自正」。四十五章云：「清靜為天下正」。老子的不爭，戒盈，戒剛強，好清靜，都是闡發無為而無不為的道理。所謂無為者，是上者，對於一切，不強加干涉，因民之利而利之，聽民自為，故又曰無不為。

老子基於無為無不為的道理，創造理想的社會。八十章云：「小國寡民，使有什麼伯之器而不用，使民重死，而不遠徙，雖有舟輿，無所乘之，雖有甲兵，無所陳之，使民復結繩而用之，甘其食，美其服，安其居，樂其俗，鄰國相望，雞犬之聲相聞，民至老死不相往來」。歸真返樸大家熙樂相處。這是他所嚮往的境界。老子處春秋之世，王道既衰，干戈擾攘，人民陷於水火，無以自拔，他為要拯救世人，故倡謙卑清靜無為之說，以矯時弊。所以老子是一個關心民瘼，有政治思想的人物。

二、莊子 史記老莊申韓列傳云：「莊子蒙人也，名周，周嘗為為蒙漆園吏，與梁惠王齊宣王同時，其學無所不闚，然其本，歸於老子之言，故其著書十餘萬言，大抵率寓言也」。莊子既與梁惠齊宣同時，也就與孟子同時，但孟子一書，未提莊子，而莊子也未提到孟子，這是一大疑問。莊子一書，分內七篇，外十四篇，雜十二篇，共三十三篇。據胡適考證，內七篇大都可信，外篇雜篇靠不住。

莊子之所謂道，與老子相似。大宗師云：「夫道有情有信」。即老子的「其中有信」。又云：「自本自根未有天地，自古以固存」。「先天地生而不為久，長於上古而不為老」。即老子的，「有物混成，先天地生，寂兮寥兮，獨立而不改，周行而不殆」。老莊均以道為天地萬物所以生所以然的總原理。而此道，聽而不聞，視而不見，無聲無臭，為天下之母。老莊對於道的觀點是相同的。

莊子崇尚自然，反對人為，這與老子的「無為」「任自然」之義相同。至樂篇的「魯侯養鳥」，馬蹄篇的「伯樂治馬」，應帝王的「鑿混沌」，都是說明以人滅天違反自然，非愛之適以害之。而逍遙遊篇的大鵬蜩鳩，則是說明萬物要順其性，歸之於自然。

莊子又認為天下的事物，沒有空間時間之差別相，當齊一觀之。齊物論云：「天下莫大於秋毫之末，而泰山為小。莫壽於殤子，而彭祖為夭」。凡物的大小之別，是由於空間。時之長短之分，是由於時間。然而空間與時間之大小長短，非絕對的，是比較的。若以道觀之，時空是無限的。大之外又有大，可以大至無外，此之謂無限大。小之內，又有小，可以小至無內，此之謂極小。泰山雖大，但就無限大的空間來說，那是小的不足道了。秋毫之末雖小，但在極小的空間來說，那又是大的了。彭祖雖長壽，但在無限大的時間來說，那是短命的了。殤子雖短命，但在極小的時間來說，那又是長壽的了。所以在大的觀點上看，萬物都是大的；在小的觀點上看，萬物都是小的。明白這個道理，則萬物齊一，沒有大小，沒有長短了。

莊子又否定是非差別相。齊物論云：「既使我與若辯矣，若勝我，我不若勝，若果是也，我果非也邪。我勝若，若不吾勝，我果是也，而果非也邪。其或是也，其或非也邪，其俱是也，其俱非也邪。我與若不能相知也，則人固受其黮闇。吾誰使正之，使同乎若者正之，既與若同矣，惡能正之。使同乎我與若者正之，既同乎我與若矣，惡能正之。然則我與若與人，俱不能相知也，而待彼也耶」。由此看來，一切是非，不過門戶之見，所以齊物論又說：「是其所非，而非其所是」，「彼亦一是非，此亦一是非」，「是亦一無窮，非亦一無窮」，天下無真是非，何必嘵嘵不休？

莊子既無時空與是非之差別相。則人我人物的差別亦自無有。齊物論云：「古之人，其有知所至矣，惡乎至，有以為未始有物者，至矣、盡矣、不可以加矣。其次以為有物矣，而未始有封也。其次以有封焉，而未始有是非也，是非之彰也，道之所以虧也」。凡一切事物，有界限就有差別，有差別就有意見，有意見就有是非。明道之人，則能超是非，超人我，超物，做到人物合一，天地與我並生，萬物與我為一之境界。

莊子崇尚自然，萬事萬物都要合乎自然。所以無所謂是非，大小、久暫、生死、人我，人物等差別相。而人的生活，則主張絕對自由平等，不受政治的束縛。所以他的理想社會，不是有組織的國家，而是純樸的原始社會。馬蹄篇云：「故至德之世，其行塡塡，其視顛顛，當是時也，山無蹊隧，澤無舟梁，萬物羣生，連屬其鄉，禽獸成羣，草木遂長，是故禽獸可係羈而遊，鳥鵲之巢，可攀援而闚。夫至德之世，同與禽獸居，族與萬物並，惡乎知君子小人哉。同乎無知，其德不離，同乎無欲，是謂素樸，素樸而民性得矣」。莊子的理想社會，是無政府的，是出世的。而老子則主張自然之理，以治事，不強用人力，即所謂無為而無不為，其目的仍在於為，是入世的。他的理想社會是小國寡民。老子莊子，雖同屬道家，然其思想，則不盡相同。

三、楊朱 楊朱無專書，在列子內有楊朱篇。而列子一書，姚際恆只為偽書。馬夷初則謂為魏晉間人偽作。胡適亦以列子一書為最不可信，但他認為楊朱篇大體似乎可信。綜觀全篇毫無結構。此蓋後人輯楊朱之言為一篇，每段自為首尾，各部相屬。

楊朱的年代，大家說法不一。據胡適考據，當在西曆紀元前四百四十年，與三百六十年之間——約當周考王元年與顯王九年之間。

孟子曰：「楊朱墨翟之言盈天下，天下之言，不歸楊則歸墨」，又說：「楊墨之道不息，孔子之道不著」，又說：「能言距楊墨者，聖人之徒也」。可見，楊墨的學說，在當時是很有勢力的，所以孟子才那樣施以無情的攻擊，必消滅之而後快。楊墨在思想上，確是儒家的勁敵。墨子見本章第四節茲專論楊朱。

楊朱的基本觀念，是無名論。他說：「實無名，名無實，名者偽而已矣」。他認為只有實的存在，而沒有名的存在，名是人為的，是假的，名實是不副的。他說：「舜禹周孔生無一日之歡，死有萬世之名，名固非實之所取也」。又說：「桀紂生有從欲之歡，死被愚暴之名，實者，固非名之所與也」。這種無名論，只是認識個人的重要，漠視其他一切，造成了個人的主義。

所謂個人主義是「為我」，他認為，人雖是萬物之靈，而體力不足以自衛，必要靠智慧，利用萬物以生存，但他也不願侵犯別人。所以他說：「必將資物以為氧性，任智而不恃力，故知之所貴，「存我」為貴，力之所賤，侵物為賤」。所謂「存我」「侵物」乃萬物的本性，不是人類所專有，萬物為了求生以「存我」，就不免有侵物的行為。但人各有我，我要為我，別人也要為我，如此互相侵犯，起了爭奪，也就不能「存我」。所以他說：「存我為貴，侵物為賤」。他又說：「古之人，損一毫利天下不與也，悉天下奉一身不取也，人人不損一毫，人人不利天下天下治矣」。這是說，我不能損己以利天下，但我也不損天下以利己，雖不利他，亦不損人，大家都能如此，則沒有爭奪發生，相安無事，天下豈不承平？所以楊朱的為我，不是自私的，而是人與人間相處的大道理。也是撥亂反治，最好的方法。

楊朱認為人的生死是暫來暫住，不要在名譽年命上介意，要順乎自然所好。他說：「太古之人，知生之暫來，知死之暫往，故從心而動，不違自然所好。當身之娛，非所去也，故不為名所觀。從性而遊，不逆萬物所好，死後之名，非所取也，故不為刑所及。名譽先後，年命多少，非所量也」。他又說：「萬物所異者生也，所同者死也。生則賢愚貴賤是所異也，死則臭腐消滅是所同也。十年亦死，百年亦死，仁聖亦死，凶愚亦死，生則堯舜，死則腐骨，生則桀紂，死則腐骨一也，孰知其異，且趣當生，奚遑死後」。社會上一般人，或為利，或為善，一方面為了滿足現實生活，一方面為了死後留名。因此不擇手段以達目的，虛偽欺詐因之而生。造成紛亂局面，演成人類慘禍。所以楊朱把名譽生命看得無關緊要。人活著有高低之別，榮辱之分，死了呢，大家豈不是一樣？何必紛紛然，勾心鬪角，為了名利而喪生？

楊朱既不把名譽生命看得重要，所以他不求長壽，也不求速死，從心而動，任性而遊，是順乎自然的。他對養生之道則主張「樂生」「逸身」。他說：「原憲之窶損生，子貢之殖累身，然則窶亦不可，殖亦不可，其可焉在，曰可在「樂生」，可在「逸身」，故善樂生者不窶，善逸身者不殖」。這就是說他不求太富，也不願太窮，能夠養生以存我，就可以了。

四、關尹子列禦寇 列子姚際恆古今偽書考，謂係偽造。關尹子宋濂諸子辨，疑為孫定偽造。故關於二家之說，略而不書。

第四節　墨　家

墨的界說 江瑔讀子巵言云：「所謂墨者，蓋垢面囚首，面有黎黑之義」。莊子天下篇云：「後世之墨者，多以裘褐為衣，以跂蹻為服。日夜不休，以自苦為極。曰不能如此，非禹之道，不足為墨」。墨家祖述大禹，崇尚勤儉，以吃苦自勵，故以墨名其學。翟乃姓氏，姓上冠以墨，揭櫫其旨，意甚明顯。墨翟為魯人，翟氏固魯之大族。江瑔亦疑翟為姓，近之。

墨家的派別 莊子天下篇曰：「相里勤之弟子，五侯之徒。南方之墨者，苦獲，己齒，鄧陵子之屬，俱誦墨經」。韓非顯學篇云：「自墨子之死也。有相里氏之墨，有相夫氏之墨，有鄧陵氏之墨，趨舍相反不同，而皆自謂真墨」。梁任公據諸說，以推究墨派，可分為四：⑴相里勤五侯之徒。⑵苦獲，己齒，鄧陵子之徒。⑶相夫氏一派。⑷宋鈃尹文一派。

墨子的學說

墨子的生卒籍貫，各家說法不一，很難確定。據各家考證，大概生於孔子卒後，死在孟子生前，他是早於孟子。孫貽讓考定他為魯人。淮南子要略云：「墨子學儒者之業，受孔子之術，以其禮煩擾而不悅，厚葬靡財而病民，久服傷生而害事，故背周道而用夏政」。墨子因為不滿儒者之學，託古於禹，而自創一新學派。這是儒家的反動。大禹治水，受盡苦難。以救民為己任。孔子說他：「菲飲食，惡衣服，卑宮室」。莊子天下篇說他：「腓無胈，脛無毛，沐甚雨，櫛疾風」。大禹是一個勤苦耐勞的人。墨子既不滿意儒家，故取法大禹，對儒家毫不客氣的攻擊。他責備儒家有四點。(1)儒以天為不明，以鬼為不神。(2)厚葬靡財，久服傷生。(3)弦歌鼓舞，習為聲樂。(4)以命為有廢事失時。他針對這四點，自創學說：敬天信鬼，也統攝人心。尚同以集中意志。尚賢以選舉賢能。兼愛以打破家族觀念。非命以剷除等待思想。節用薄葬非樂，以反對虛靡奢侈生活。又持非攻論，以發揮他的兼愛思想。赴楚救宋，以貫澈他的非攻主義。他對軍事，又很有研究，備城門等篇，是講防禦之術。由此看來，墨子是一艱苦奮鬪，拯救人類，有思想有行動的人物。

第五節　法　家

法的界說　法是治事的準則，定之於官，公之於民，賞罰合於人心，是公而合理的，不是私而自用的。亦即法治之意。

法家的起源　中國古代政教合一。孔子教人為政重禮不重法，他說「道之以政，齊之以刑，民免而無恥，道之以德，齊之以禮，有恥且格」。此所謂「善政民畏之，善教民愛之」。畏是貌恭不心服，愛是心悅而誠服。禮是優於法的，但在禮失其效時，則必重法以補其不足。春秋之世，禮教漸衰，不足以維持社會秩序，法遂為人所重視。鄭作刑書，晉鑄刑鼎，法家思想，此時以開其端。管子尚法，仍復重禮。及復重禮。及李悝著法經，商鞅受之以相秦，專尚法，而絀禮，從此析禮法為二，法主刑賞，禮主威儀。降及韓非，專尚法，而棄仁義。漢書藝文志法家類，敘云：「法家者流，蓋出於理官，信賞必罰，以輔禮制，易曰先王以明罰飭法，此其所長也，及刻者為之，則無教化，去仁愛，專任刑法，而欲以致治，至於殘害至親，傷恩薄厚」。司馬談亦謂其「嚴而少恩」。這都是以儒家觀點，批評法家。所謂信賞必罰，就是不別親疏，不殊貴賤，一斷於法，大家在法律上一律平等，若是存親恩觀念，那是私而不公，失去法的真義。班氏與司馬氏批評法家的短處，正是法家特具的精神。

法家的派別　儒墨道各家，都是託古立言，借古人以自重。孔孟託於堯舜，墨子託於禹，老子託於黃帝。而法家則不法古，不循禮，針對當時之現實，創造一種法治，輔其君，以理國政，有重勢，重術，重法三派，慎到重勢，申不害重術，商鞅重法，韓非是集三家的成。而管子李子則為前期的法家。

法家各派學說

一、管子　管仲字夷吾，春秋穎上人。相齊桓公，霸諸侯，攘夷狄，孔子稱之。管子一書，漢書藝文志列為道。隋書經藉志、唐書藝文志列入法家。管子之法，猶參以王道，取周制稍加變通，與商鞅之完全反周者不同。晁公武稱其謹政令，通商賈，均力役，盡地利，既為富強，又頗以禮義廉恥化其國俗。故管子一書，亦可為法家之要籍。但非管仲字作，乃由雜集而成者。

二、李子　名悝，戰國時人。相魏文侯，富國強兵。晉書刑法志云：「秦漢舊律，其文起自魏文侯。李悝撰次諸國法，著法經，商君受之以相秦」。法經以捕盜為主。商君之學，蓋淵源於此。漢書藝文志法家類，首列李子三十二篇。其書久佚，法經內容已不可考。

三、慎子　名到。戰國趙人。先申韓，申韓稱之。史記說：「慎到學黃老道德之術」。韓非子難勢篇，引慎到之言曰：「賢人而詘於不肖者，則權輕位卑也，不肖而能服賢者，則權重位尊也，堯為匹夫，不能治三人，而桀為天子，能亂天下，吾以知勢位之足恃，而賢智之不足慕也」。此言人須憑借權位的勢，方足以言治。故曰慎子主勢。慎子四十二篇，漢書藝文志列入法家，今殘。

四、申子　名不害，戰國京人，相韓昭侯，終其身，諸侯不敢侵韓。劉向別錄云：「申子之學，循名責實，專君卑臣，崇上抑下」。此即所謂術。韓非子定法篇曰：「術者，因任而授官，循名而責實，操生殺之柄，課羣臣之能者也，此人主之所執也」。又曰「申不害言術」。術是君主駕馭臣下的手段。是由君主自己隨機運用，不是公開的，也不是定型。申子之書已佚。

五、商君　名鞅，姓公孫氏，其祖本姬姓，衛之諸庶孽公子，事李悝，好刑名之學。魏相公叔座，薦之魏惠王，王不用，西入秦，事秦孝公，定變法之令。商君書，君臣篇云：「民眾奸邪生，故立法制為度量以禁之。是故有君臣之義，五官之分，法制之禁，不可不慎也。處君位而令不行則危。五官分而無常則亂。法制設而私行善，則民不畏刑。君尊則令行。官修則有常事。法制明制則民畏刑。法制不明，而求民之行令也，不可得也。民不從令，而求君之尊也，雖堯舜之知，不能以治。明王之治天下也，緣法而治，按功而賞，凡民之所疾戰不避死者，以求爵祿也」。他不闡明中央集權，以法制為本。厚賞而期於必。任法壹刑，使民優游浸漬於法，民自化於法，而不知其為法。目標一致，行動一致，對內施政，對外禦侮，皆能收到預期之效。韓非子定法篇曰：「公孫鞅為法」。所以說「商君重法」。漢書藝文志，法家有商君二十九篇，今只存二十六篇，但仍有殘缺。商君書非鞅自作，後人所輯成。

六、韓非　韓之諸公子，喜刑明法術之學，而其歸本於黃老。非口吃，善著書，與李斯俱事荀卿。數以書諫韓王，韓王不能用。作孤憤，五蠹，內外儲說，說林，說難，十餘萬言。後入秦，李斯毀非於秦王，乃被害。韓非八經篇，明勢之必要。定法篇，明法與術之重要。韓非勢術法三者並重，是集三派之大成。法家學說於以完成。

第六節　名　家

名學的界說　名是事物之名，有事物即有名。故荀子曰：「制名以指實。」實即事物。中國之名學，為諸子辯論之工具，猶印度之因明，西洋之羅輯。

名學的起源　我國古代名學，最早有孔子「名不正，則言不順」一語。洎乎莊子，則主張是非齊一，名偽無實。正名者，為了自衛，乃進而研究辯證之法，以與道家對抗。名學遂成為專家之學。此時作者，有公孫龍的名實論，荀子的正名篇，墨子的墨經。不過荀墨不是名學專家。又有鄧析子，尹文子、則以法家兼名家，也不算是名學專家。惟有公孫龍及惠施，則以名學成家。

名家各派的學說

一、公孫龍子 字子秉，史記孟子荀卿列傳云：「趙有公孫龍子」。漢書藝文志列於名家，自注亦曰趙人。其書今僅存跡府、白馬、指物、通變、堅白、名實六篇，跡府或謂為後人所撰。其學在辨析名實，以白馬篇曰：「馬者所以名形也，白者所以名色也，命色者，非命形也，故曰白馬非馬」。堅白篇，把石、白、堅、分為三個屬性，各自分離。就是說，目視石，而知其白，手摸石而知其堅，白固不可用手摸，而堅亦不可用眼看。是堅與白，各自分離，本非一體。石是堅的，但不能說凡是堅的都是石。石是白的，也不能說凡是白的都是石。有石之實質，乃可名之曰石。通變篇云：「牛羊雖同有角，然不可謂牛為羊，亦不可謂羊為牛，必有牛羊之實，始有牛羊之名」。他這些說法，都是在辯名實之正。舊所謂正名。是合於科學的道理。所以在他的名實篇說：「古之明王，審其名實，慎其所謂也」。這就是說明名家之本旨。

二、惠子 名施。宋人，與莊周同時。相友善，其書久佚。僅存三篇。不成體系。在莊子天下篇，可以窺知他的學說的一斑。惠施認為一切空間時間異同的區別，都非實有。天下篇述其歷物之言凡十事。分別於次。

空間　一、「至大無外，謂之大一，至小無內，謂之小一」。所謂大一，是指包括一切的無窮大。小一是指不可見，不可比，不能再有內容的小。

二、「無厚不可積也，其大千里」。無厚就是薄，因為太薄，所以不能積。然而仍有它的面積，且可有千里之大。

三、「天與地卑，山與澤平」。大與小固是無窮的，而高卑也是無窮的。看起來，天與山是高的；地與澤是低的，但以無窮的高來說，天與山，又是低了。以無限的低來說，地與澤又是高的了。

四、「南方無窮，而有窮」。看起來南方是遠的，但以無窮大的空間比起來，南方仍是近的盡的。

五、「我知天下之中央，燕之北，越之南也」。由平面看起來，燕在北方，越在南方，燕之南越之北才是中國的中央。但以至大無外之空間觀之，則任何地，皆是中央。所以燕之北是中央，越之南也是中央。此說頗合於地圓之說。蓋在一圓球上，任何一點，皆可謂之中央。

時間　（一）「日方中方睨，物方生方死」。時間是無情的逝去，沒有絲毫的停留。日未中，當然不能謂午，既至午，又很快的日斜，故曰日方中方睨。物有生必有死，初生之時，即將死之日。故曰物方生方死。

（二）「今日適越而昔來」。今日往越地，明日可到。但這個明日，又很快的過去，變成昔日了。

（三）「連環可解也」。連環本不可解的東西，但把它毀了。即可解了。物方生方死，連環方成方毀，故曰可解。

同異

（一）「大同而與小同異，此之謂小童異。萬物畢同畢異，此之謂大同異」。一般所說的大同小異，或小同大異。這叫做小同異。自其同者而觀之，則萬物墨不同，故曰畢同。自其異者而觀之，則萬物莫不異，故曰畢異。這叫做大同異。

（二）「氾愛萬物，天地一體」。這和齊物論，「天地與我並生，萬物與我為一」，的道理一樣。天地與我既然一體，所以要汎愛萬物。

第七節　陰　陽　家

陰陽家的界說　陰陽學說的發生，遠在儒道諸家之前。古代羲和掌曆象，此為日月陰陽。周易以陰陽解釋宇宙一切事務。尚書洪範，以水火木金土為五行。後由五行倡災異之說，所謂五行陰陽。因災異而附會鬼神禍福，神仙方士，又造出種種迷信之說，陰陽家遂趨於末流。

陰陽家各派的學說

鄒子　名衍，戰國齊人。為燕昭王師。居稷下，號談天衍。漢書藝文志陰陽類，列有鄒子及鄒子終始二書，史記孟子荀卿列傳云：「騶衍睹有國者益淫侈，不能尚德，乃深觀陰陽消息，而作迂怪之變。終始大聖之篇，其語宏大不經，必先驗小物推而大之，至於無垠。稱引天地剖判以來，五德轉移，治個有宜，而符應若茲。以為儒者所謂中國者，於天下乃八十一分居其一分耳。其術皆類比，然其歸，必止乎仁義節儉君臣上下六親之施」。由此可知，鄒衍陰陽之學原非迂怪阿諛之流，而海外有大九洲之說，思想新穎，與今日五大洲暗合。至於陰陽貯運，神仙怪誕之說，乃起於鄒子之徒的附會。非鄒子之本義。又有鄒奭者，亦採鄒衍之說，文具難施。故齊人稱之曰「談天衍雕龍奭」。

第四章 理學

第一節 概說

理學的界説 理學始於北宋，盛於南宋。宋儒講經，不講訓詁，而講義理。重思想，不墨守師説。追求聖意，以説心性。以四書為講學的依據，又參以道禪及陰陽五行之説，此為理學之特徵。理學一詞為宋代所專有。故理學亦稱宋學。

理學的起源 陰陽五行之説，起自上古，從戰國到秦漢，其道漸盛。漢明帝時，佛教自印度輸入，東漢末，張道陵附會老子及秦方士之説，創立道教。魏晉時，老莊之學興起，陰陽家又依附老莊以立言。及至南北朝，佛家太盛，與道教分庭抗禮。中國學術，自魏晉南北朝隋唐以迄於宋，皆在釋道勢力籠罩之下。但長生出世之説，終難攝固人心，而為有識者所不滿。又以漢唐訓詁注疏之學，束縛思想，枯燥無味，久為學者所厭棄。基於此兩種原因，思想家，遂不得不舍舊謀新，另闢途徑，宋學遂應運而生，成為時代之主流。

理學的演變 宋明理學，始於周敦頤濂溪的象學，及邵雍康節的象數。後有張載橫渠的論仁論性。及程顥明道程頤伊川二氏出，不講象數，不法橫渠，不事標榜，獨抒己見。明道為陸王的的濫觴，伊川開朱學之先河。南渡以後，浙學派興起，重事功，藐視玄虛之説。元代諸儒，僅延理學於一脈，未脫前人窠臼。南宋理學朱陸對立，迭為消長，朱學終佔優勢，以迄有明中葉未或少衰。自陳獻章白沙，王守仁陽明二氏出，陸學大盛。宋明理學，旨在闡明聖道，然因流於空疏，以致孔孟之學失其真義。清初諸儒，或起而修正，或加以攻擊，無非是要補偏救弊。黃宗羲梨洲，孫奇逢夏峯，李顒二曲，皆宗陸王，而對王學有所修正。陸世儀桴亭不喜陽明之學，教人從實處做起。王夫之船山則崇朱黜王，反對恍忽空明之見。顧炎武亭林則不屑置論，深惡而痛絕之。顏元習齋更施以無情的攻擊。戴震東原亦毫不客氣的批評。六年來的宋明理學，至此一蹶不振。這是學術由盛而衰的必然結果。

理學的派別　理學有八派：一、濂溪學派周敦頤。二、關學派張載。三、洛學派程顥程頤。四、敏學派朱熹。五、江西學派陸九淵。六、浙學派陳亮葉適。七、白沙學派陳獻章。八、姚江學派王陽明。

第二節　北宋理學

濂溪學派

一、周敦頤　字茂淑，道洲營道人。世稱濂溪先生。初為分寧主簿，後調南安軍司禮參軍，善斷獄，名重當時。濂溪為理學之祖。著有太極圖說及通書，其學說如下：

1 太極圖　太極圖創於河上公，本方士修練之術。河上公數傳至穆修，修傳於周子。太極圖以無極太極陰陽五行，說明宇宙本體。是以唯物觀點論宇宙。太極圖以五行為五氣，通書以陰陽為二氣，是以陰陽五行皆為氣，而太極為理。此為理氣二元說。太極圖之「無極」與「太極」，即老子之「無」與「有」。「無名天地之始，有名萬物之母」。太極圖云：「無極而太極，太極動而生陽，動極而靜，靜而生陰」。又云：「乾道成男，坤道成女，二氣交感，化生萬物」。也就是老子的「有無相生」，「天地萬物生於有，有生於無」的道理。又云：「聖人定之以中正仁義，而主靜，立人極焉」。中正仁義就是善，靜就是無欲。無欲則此心寂然靜虛而不動，不動則誠，故無欲就是誠。

2 通書 本號易通，共四十章：誠上、誠下、誠幾德、聖、慎動、道、師、幸、思、志學、順化、治、禮樂、務實、愛敬、動靜、樂上、樂中、樂下、聖學、公明、理性命、顏子、師友上、師友下、過、勢、文辭、聖蘊、精蘊、乾損益動，家人睽復無妄、富貴、陋、擬議、刑、公、孔子上、孔子下、蒙艮。通書在闡發中庸之道。通書誠章云：「誠者聖人之本，大哉乾元，萬物資始，誠之源也，乾道變化，各正性命，誠斯立焉，純粹至善者也」。此言誠為純粹至善之道理，為聖人之本，萬物之生成，天道之變化，性命之正，莫不由於誠。故誠為性命之基，天道之源。

二、邵雍 字堯夫，亦號百源，諡康節，世稱康節先生。其先河北范陽人，後徙河南。一生一仕，神宗熙寧十年卒，年六十七。贈祕書省著作郎。元祐中賜諡康節。雍與周濂溪同時，著有先天圖，皇極經世，漁樵問答等書。濂溪的太極圖說為象學不講數。康節則兼講象數，尤精於數。康節象數之學，傳自北海李之才，而之才受之穆修，修受之種放，放受之陳摶。其學如下：

1 先天圖　康節認為周易文王之八卦方位圖，是後天的。而自己所得來的八卦方位，是先聖伏羲所畫的，故名之曰先天圖。但文王所定八卦方位圖，見於周易說卦傳，歷歷可考。而康節的先天圖說，則於易無據，是得自李之才，蓋出於道家之臆造，以炫世者。除了八卦方位圖外，他還創造八卦次序圖，六十四卦次序圖，六十四卦方位圖，他用這些圖，來解釋天地萬物之理，他以為萬物生於心，心為太極，是唯心論的宇宙觀。

2 觀物篇　觀物篇見於皇極經世，撮要於下：

▲宇宙論　觀物內篇云：「天生於動者也，地生於靜者也，一動一靜交而天地之道盡矣。動之始則陽生焉，動之極則陰生焉，一陰一陽交，而天之用盡矣。靜之始則柔生焉，靜之極則剛生焉，一剛一柔交而地之用盡矣。動之大者謂之太陽，動之小者謂之少陽。靜之大者謂之太陰，靜之小者謂之少陰。太陽為日，太陰為越，少陽為星，少陰為辰。日月星辰交，而天之體盡之矣。太柔為水，太剛為火，少柔為土，少剛為石，水火土石交，而地之體盡之矣」。此言由動靜而生天地，陰陽為天之用，剛柔為地之用。日月星辰為天之體，水火土石為地之體。其動靜之說，雖有類於周子之太極圖說，但陰陽之外。又別立剛柔之說，不言金木水火土五行，而曰水火土石，此則與周子不同。

▲世運論　觀物內篇云：「天地之始終為一元，一元有十二會，一會有三十運，一運

十二世，一世三十年」。他把一年十二月，一月三十日，一日十二時，擴大比例，造成一龐大數字公式，用來計算天地毀滅生成道理，使人有神祕之感。似乎沒有精確的根據。

▲唯心論　觀物內篇云：「人也者，物之至者也，聖也者，人之至者也。人之至者，謂其能一心觀萬心，一身觀萬身，一世觀萬世。能以心代天意，口代天言，手代天工，身代天事。能上識天時，下盡地利，中情萬物，通照人事。能以彌綸天地，出入造化，進退古今，表裏人物」。他注重心的修養，以誠意正心為本。心一不分，則虛心而不動，可以應萬變，可以觀萬物，去私利，任至誠，則動靜云為之間，自然做到天人合一的境界。這氣象，是何等的偉大。

關學派

一、張載　字子厚，長安人。舉進士，神宗以為崇文院校書。與周邵同時，而略後者。世稱橫渠先生。著有正蒙，經學理窟，及易說。而正蒙一書尤為重要。其學說如下：

1宇宙論　太和篇云：「太虛無形，氣之本體，其聚其散。變化之客形爾」。此所謂太虛，為宇宙一元之本體，為人目所不見，故曰太虛。太虛之氣，變化無定，如四時之推遷，雨露之興息，萬物之死生，這些變化，都是客形，所謂客形，是去來無定暫時的意思。太虛之氣，雖有這些變化，而太虛本體，則獨立不改，毫無損益，是永恆的，不變的。太虛又名太和，太和篇云：「太和所謂道，中涵浮沈升降，動靜相感之性，是生絪緼相盪，勝負屈伸之始」。此所謂浮沈升降動靜相感之性，皆陰陽二氣，自然相感之理，二氣交密，相摩相盪，動靜有常，往屈來伸，屈伸相感，而生萬物。此陰陽之氣，分之曰陰曰陽，合之則曰太和。和是順的意思，即是大自然的秩序，如星球的運行，萬物的化生，無不是太和的道理。故曰太和為天下之大本。太和篇又云：「天地之氣，雖聚散攻取百塗，然其為理也，順而不妄」。此所謂天地之氣，即陰陽二氣，二氣之攻取聚散，初無定形，同者攻之，異者取之，由攻取之不同，而有聚散之無定。易繫辭下傳云：「天地絪緼萬物化醇，男女構精萬物化生」。言天地之氣，交密厚凝，發生氣化作用，而生萬物。此氣化就是陰陽二氣之變化。所謂聚散就是變化，變化由攻取而來，所謂攻取者，二氣分離，散而無物，則謂之攻；二氣交感，聚而為物，則謂之取。攻取聚散，亦有其自然法則，而此法則，即同性相攻，異性相取。所謂男女構精萬物化生，就是異性相取。陽與陽，陰與陰，不能交感，不能生萬物，此之謂同性相攻。但此攻取之道並非截然分離的。有攻才有取，有取才有攻；有聚才有散，有散才有聚。而此聚散攻取，又似無定型，各極其變化之妙。因而形成蔚然繁富的宇宙，因此品彙之成，有條不紊，在無形中，似有一規律，此規律即是理，此理順而不妥，也就是太極。張子易說云：「有兩則有一，是太極也，一物而兩體，其太極之謂歟」。陰陽雖為兩體，然皆生於太極，歸於一，一即是太極，這是宇宙一元論。

2 論仁　張子嘗銘其書室之兩牖，東曰砭愚，西曰訂頑。伊川曰：「是起爭端，不若東銘西銘」。後程子專以西銘教人，東銘遂晦。西銘是在闡發民胞物與，存心養性之旨。以乾為父，以坤為母，乾為天，坤為地，天地化育萬物，父母繁育人類，天人之道合一。人盡其愛敬之道以事親，則可以存心養性而事大。論語：「有子曰，君子務本，本立而道生，孝弟也者，其為仁之本與」。善事父母為孝，善事兄長為弟，為仁就是行仁。欲仁而志於仁，用力於仁，勿違於仁，這樣努力不懈，就是行仁。而行仁之道，在於事親，孟子云：「仁之實，事親是也」。中庸云：「仁者人也，親親為大」。這是說行仁自孝親始，孝親行於家，而后仁愛及於物，亦即親親而仁民，仁民而愛物，也就是民胞勿與的意思。仁是性，孝弟為用，孝是行仁之本，而非仁之本，故欲行仁，必先從孝弟入手，孝弟之行既立，則仁道由此而生。仁主於愛，而愛莫大於愛親，故有子曰孝弟也者，其為仁之本與。張子闡此義，作西銘以垂後世。

3 論性　誠明篇云：「形而後有氣質之性，善反之，則天地之性存焉。故氣質之性，君子有弗性焉」。此所謂「形而後有氣質之性」，形是指人，人由氣聚而成，氣質之性，非太和絪緼之氣所固有，乃皆昏明強柔得氣之偏者，亦即後天之性。所謂天地之性，即善性，亦即太和絪緼之神，即明德，亦即先天之性。氣質之性，是因氣質有昏明，所以有善與不善，而此不善之性，若能去私寡欲，則仁義之良能自明，反之於善。故君子不以氣質之性為安，必思有以變化之，而復天地之性。誠明篇又云：「人之剛柔緩急，有才與不才，氣之偏也」。氣有剛柔緩急之異，因而有才與不才之別。才形成於一時升降之氣，非本之於性，性借才以成其用，才有不善，遂累其性，不知者，從而尤之，以為奇人本性惡，殊不知，其性本善，以染於惡，乃為不善。孟子用牛山之木為喻，言之剴切。誠明篇又云：「養其氣，反之本而不偏，則盡性而天矣」。氣質之性因形而發，有偏而不善，若能養之以反其本，盡其才於仁義之中，自能去惡而誠明，盡其性，以合於天了。要之張子論性有二：曰天地之性，即善性，曰氣質之性，則不能盡善，須以學養工夫，變化氣質，而復其天地之性。此為理氣二元說，伊川考亭踵事增華，其道益彰。

洛學派

程顥程頤以濂溪為師，康節為友，與橫渠又為戚屬，然學成後，對濂溪太極圖，不予重視。對康節象數，亦表不滿。與橫渠亦友異同。獨抒己見，別樹一幟。宋明理學，受他們的影響最大。明道為陸王學派之先驅，伊川開朱學之先河，二人雖同出一門，然其學則有不同。

一、程顥 字伯淳河南人，舉進士，在朝正直敢言，與王安石不合，出提點京西刑獄，固辭，改僉書鎮寧軍判官。哲宗立，召為宗正丞，未行而卒，年五十四。顥學於濂溪，學者稱明道先生。其學之要點有二：

1 識仁 明道之學，以識仁為本。識仁篇云：「學者須先識仁，仁者混然與物同體，義禮智信皆仁也。識得此理，以誠敬存之而已，不須防檢，不須窮索。若心懈則有防，心苟不懈，何防之有。理有未得，故須窮索，存久自明，安得窮索。此道與物無對，大不足以明之，天地之用，皆我之用，孟子言萬物皆備於我，須反身而誠，乃為大樂，若反身未誠，則是二物有對，以己合彼，終未有之，又安得樂」。明道以識仁為為學之本，仁者長長幼幼，民胞物與，與天地萬物混然同體，義禮智信，無非仁的表現。學者識得此仁，以誠敬存之，依於仁，而不違仁。所謂誠敬即是心的本體，亦即天理自然之功能，不是外在的，是內在的。蓄之彌久，發之彌久，其用愈大，其功愈宏，動靜云為之間，無一不合於仁，心不懈而理已得，故不須防檢，不須窮索。仁與天地同體，無物與之相對，蕩蕩乎無得而名焉，雖名之曰大，亦不足明其大。此天人合一之道，即孟子所謂萬物皆備於我的道理。再把此道反求諸本身，而細加體驗，體驗即是識，識得此仁，即是樂，即孔子所謂「好之者，不如樂之者」之樂。不勉而中，不思而得，其樂何極。若反身未誠，即人欲未去，天理未明，人與物之間，尚有隔閡，不能如水乳交融，勉強而行仁，日事於防檢窮索，則何樂之有。

2 定性　識仁定性，為明道學說四大綱領。識仁而後定性。定性書云：「所謂定者，動亦定，靜亦定，無將迎，無內外。苟以外物為外，牽己而從之，是以己性為有內外也。且以己性為隨物於外，則當其在外時，何者為在內，是有意於絕外誘，而不知性之無內外也。既以內外為二本，則又烏可遽語定哉。夫天地之常，以其心普萬物而無心。聖人之常，以其情順萬物而無情。故君子之學，莫若廓然而大公，物來而順應」。此言性無內外之分，則無論或動或靜，心常自定，未嘗放失，所謂無心無情，都是定的意思。都是定的意思。就是有心而無心，有情而無情，無所為而為。只要公兒忘私，自然物來順應，從心所欲而不逾矩。他又說：「學者不必遠求，近取諸身，只明人理，敬而已矣，便是約處」。其所謂敬，即是心之本體，亦即天理自然之功能，不是外求的。所以要栽培他，不要摧殘他，而栽培之道，必須有知。他說：「學在知其所有，又在養其所有」。所以明道之學，在致知存誠敬。識仁就是知，既識得此理，則以誠敬存之，而性自定。

二、程頤　字正叔，為明道之胞弟，少明道一歲，兄弟同學於濂溪，初學廣平先生，後居伊陽，又稱伊川先生。哲宗時，召為秘書省校書郎，紹聖中削籍竄涪州，徽宗立，徙峽州，俄復其官，又奪於崇寧，卒年七十五。其學之要點如下：

1 性命　伊川之學，亦主反求心性，而不尚外索。所以他說：「性即是理，理自堯舜至於塗人一也」。又說：「稱性之善，謂之道，道與性一也。以性之善如此，故謂之性善。性之本，謂之命。性之自然，謂之天。性之有形者謂之心，性之有動者，謂之情，凡此數者，皆一也，聖人因事以制名，故不同若此」。這是說性之善就是道，道與性是一個。性是自然的禀賦，故謂之天命。中庸天命之謂性。性是無形的，看不著，摸不著。有時形之於外，這是心的作用，情的表現。其實這所謂道也，命也、心也、情也、都是一個性而已。他又說：「心即道也，在天為命，在人為性，論其主為心，其實只是一個，能通之以道，又豈有限量，天下更無性外之物，若有限量，除是性外有物始得」。這是純一的唯心論，把天地萬物之理，都納在自己的一心。這點與明道不須別尋本體的主張相同。

2 主敬致知　伊川之學，以敬為主。他說：「入道莫如敬，未有能致知而不再敬者」。又說：「君子之遇事，無巨細，一於敬而已」。又說：「所謂敬者，主一所謂敬，所謂一者，無適之謂一」。儒家重禮，禮以敬為主。子曰：「道千乘之國，敬事而信」。又曰：「今之孝者，是謂能養，至於犬馬皆能有養，不敬何以別乎」。荀子曰：「禮之敬文也」。儒家皆以敬為修齊治平之大道。所以伊川特別強調敬字，學以敬為主。蓋為學第一先要涵養，而涵養須用敬，敬本於心，是自然的，不假外求的。但是他又怕流於空虛，所以她又主張敬要集義。他說：「只知用敬，不知集義，卻是都無事」。敬既然要集義，而集義必須辨別是非，是非之辨別，在於格物窮理以致知。所以遺書云：「或問進修之術何先，先生曰，「莫先於正心誠意，誠意在致知，致知在格物，格致也，如『祖考來格』之格。凡一物必有理，須是窮致其理，窮理亦多端，或讀書講明義理，或論古今人物，別其是非，或應事接物而處其當，皆窮理也」。伊川之所謂物，不必事物，凡自一身之中，至萬物之理，理會得多，自然就會領物。所以他說：「物我一理，纔明彼，即曉此，合內外之道也。語其大，至天地之高厚。語其小，至一物之所以然。學者皆當理會」。伊川既主張「性即是理」，所以窮理就是盡性。既主張性外無物，則天地草木之理。吾心即為天地之心。所以他說：「一人之心，即天地之心，一物之理，即萬物之理，一日之運，即一歲之運」。

基於上述，二程之論本體，都著眼於天地萬物與我為一體，論工夫都是主敬與致知，所不同處，明道主張先識得此理，而後以誠敬存之。而伊川則主張，一面用敬來涵養，一面致知以進學。所以他說：「涵養須用敬，進學在致知」。其道至朱熹發揮益精。

第三節　南宋理學

閩學派

一、朱熹　字元晦，一字仲晦，又號晦庵，安徽　源人。紹興十八年進士。孝宗立，上封事，帝甚嘉納。及韓侂冑用事，乃以疾乞休。父松為豫章羅從彥門人。遵父命，從績溪胡原中，白水劉致中，屏山劉彥仲三先生學，遂有聖賢之志。年十九成進士。時有延平李侗字仲愿，與松同事羅豫章，傳其學。朱子語類，朱子文集，則為理學的書，是門人所編纂者。晦庵學說，大致有以下數點：

1　理氣二元論　語類云：「太極是個極好至善之道理」。這道理是無形象可見，是不具體的。又云：「若在理上看，則雖未有物，而已有物之理，然亦但有其理而已」。又云：「做那事，便是那裏有理，凡天地生出那物，便是那裏有理」。這些話，都在說，天下的人和物，都含有一個理，而這個理，在沒有人和物以前，都已存在。例如雞生卵、卵生雞、何先何後，不得而知。但雞自有生卵之理，卵自有生雞之理，有雞即有卵，有卵即有雞。而此理為人所不見，此理即太極。由此可知人物各有一太極。故語類云：「人人有一太極，物物有一太極」。太極事天地萬物所以生所以然至上的總原理，故名曰太極。朱子答黃道夫書曰：「天地之間，有理有氣，理也者，形而上之道也，為生物之本也。氣也者，形而下之器也，生物之具也。是人物之生，必禀此理，然後有性。必禀此氣，然後有形」。形是形象，是可見的。理是無形的，是玄之又玄的，是抽象的，即太極，故曰形而上之道。氣就是陰陽二氣，由二氣化生萬物，為生物之具，是有形的，故曰形而下之器。人物因有此理以成性，又因有此氣以成形，理與氣是兩個，此為理氣二元論。但理與氣不能分離的，語類云：「未有天地之先，畢竟只是理，有此理便有天地，若無此理，便亦無天地，無人無物，都無該載了。有理便有氣，流行發育萬物」。這是說，有理才有氣，有氣，理才有所安頓，而形成了天地萬物。故理與氣雖二元，然不能截然分開。

2 理全氣偏說　語類云：「人之所以生，理與氣合而已。天理固浩浩不窮，然非是氣，則雖有是理，而無所湊泊。故必二氣交感，凝結生聚，然後是理有所附著。凡人之能言語動作思慮營為皆氣也，而理存焉」。這是說，人由理與氣合成，理是假借人或物的動作，以表現出來。語類云：「自一氣而言，則人物皆受氣而生，自精粗而言，則人得其氣之正且通者，物得其氣之偏且塞者。惟人得其正，故其理通塞而無知。物之有知者，不過只通得一路，如鳥之知孝，獺之如祭，犬但能守禦，牛但能耕而已」。這是說，人物之所以不同，乃以氣稟之異，此為氣偏說。語類云：「人人有一太極，物物有一太極，太極是個極好至善的道理」。太極就是理，既是物物各有太極，則其所稟之理，沒有不全的了。但朱子又云：「謂之全亦可，謂之偏亦可，以理言之，則無不全，以氣言之，則不能無偏」。這是說理是全而不偏的，但理附著於氣，氣有所偏，則氣所表現的理，當然亦不全了。按犬之守禦，牛之能耕，乃受人之豢養驅使，非其本性。獺捕魚而陳列之以備食，非有祭祀之意。人物各稟太極而生，人自為人，物自為物，入則孝，出則弟，是人得氣之正者。烏鴉反哺，羔羊跪乳，是物得氣之正者。禽獸固能殘害人和物，而人亦有為禽獸之行者。然則人所得之氣，與物所得之氣，各有正偏，似難執一而論。若以人為正，以物為偏，是人和物尚有隔閡，未能做到人物合一的工夫。

3 居敬窮理說　朱子答張敬夫書曰：「蓋心主乎一身，而無動靜語默之間，是以君子之於敬，亦無動靜語默而不致力焉。未發之前，是敬也，固已主乎存養之旨。已發之際，是敬也，又常主乎省察之間」。這是說，人之心，無片刻之間違敬，動靜云為，無不合於敬。在存養省察之間，都有個敬在。語類云：「聖人千言萬語，只是教人存天理去人欲」。故存天理去人欲，是修身的不二法則。人欲氾濫，就把天理淹沒了，要存天理，非去人欲不可。而去人欲的方法，要從敬字入手。敬是操持這顆心，不使它亡失之手段，要很誠敬的靜坐思過，有則改之，無則加勉。能誠而無妄，邪惡自然辟易，這顆心永遠不放縱，而天理也就永遠存在。朱子對於致知尤為重視，大學補傳云：「所謂致知在格物者，言欲致吾之知，在即物而窮其理也，蓋人心之靈，莫不有知，而天下之物，莫不有理，惟於理有未窮，故其知有不盡也。是以大學始教，必始學者，即凡天下之物，莫不因其已知之理，而益窮之，以求至乎其極，至於用力之久，而一旦豁然貫通焉，則眾物之表理精粗無不到，而吾心之全體大用，無不明矣。此謂格物，此謂知之至也」。朱子強調理在於物，欲致知非格物不可。把「物理」與「心理」分別而言，與伊川「性即是理」，「物我一體」有別。而窮理的方法，在於讀書，能究古今之變，察事物之理，才能大澈大悟，使吾心地明朗，不為物欲所蔽，以致其知。居敬窮理在工夫上看，是兩件事，但也不能截然分開，自有其貫通處，二者互相啟發，是息息相關的。居敬窮理，即是伊川「涵養須用敬，進學在致知」的道理。

江西學派

一、陸九淵 字子靜，號存齋，江西撫州金溪人。曾講學於江西象山，故稱象山先生，號陸學。與其兄九齡九韶名於當時。又以籍隸江西，故稱江西學派。象山生於紹興九年，卒於紹熙三年，不喜著作，所傳於世者，僅有文集語錄而已。其學之要點如下：

1 唯心一元論　象山之論，出自程門，然不喜伊川。語錄云：「道即吾心，心即道」。

又云：「先立乎其大者」。所謂大者即是心，心即是理，理在心中，不待外求。所以他又說：「此理塞宇宙，所謂道外無事，事外無道」。這是說，心即是理，理即是道。若舍心而他求，則必走走入異端，陷於利慾，而為妄人了。他與趙監書曰：「仁義者，心之本也」。既以仁義為心之本，則有此心，即有此仁義，仁義是人最好的表現。所謂立乎其大者，即是立乎仁義。他又說：「心只是一個心，某之心，即吾之心」。既然人人有這顆心，即人人都有這顆心，即人人都有仁義。然為什麼人又有善惡之分？他又說：「愚不肖者不及焉，則蔽於物欲，而失其本心，賢者過之，則蔽於意見，而失其本心」。所謂「不及」與「過」，即昏明強柔得氣之偏者，而失其中。亦即橫渠所謂氣質之性。但他又說：「此理在宇宙間，何嘗有所礙，是你自沈埋，自蒙蔽，陰陰的在陷阱中，更不知所謂高遠底，要決裂破陷阱，窺測破網羅」。這決陷阱破網羅，就是說，若能去私寡欲，自能反之於善，而仁義自明，不就是變化氣質嗎？而他不說變化氣質，卻說要「知本」。他說：「學苟知本，六經皆我註腳」。又說：「聖人之言，本自明白，且如弟子入則孝，出則弟，是分明說與你，入便孝，出便弟，何須轉注，學者疲精神於此。是以擔子越重，則某這裏，只與他減擔子，只此便格物」。這些話，是說能知本，則不須讀書，不須注書，人的一切行為，有心為之主宰，已經合於六經之旨，不須窮索，不須注書，注書是多事，是自疲精神。象山之學，以為一切現象，皆由心生，離心則無現象。所以他重領悟，不重讀書。然及其末流，宗陸者，恆有忠而不學之弊，是又不能為陸學諱者。

2 朱陸異同 淳熙二年，呂祖謙約朱熹陸九淵九齡等。會於信州之鵝湖等，意在調合兩方意見，歸於一途，最後無結果而散。朱主道問學；陸主尊德性。朱主敬，求實踐；陸主靜，重領悟。朱教人格物致知；陸主心即理。後來通信討論太極陰陽等問題，朱認為陰陽是形而下之器，則為形而上之道；陸認為陰陽為道。朱認為太極是無形的理，故有無極而太極的說法；陸則認為無極是重複的，宇宙間，只有一個理。這是二人學說根本不同處。至其修養方法亦自有異。朱主讀書窮理，自外而內，自心而物，自誠而明。象山之說，近於明道，晦庵則近於伊川。

浙學派

南宋理學，除朱陸兩派外，還有浙學派，永康陳亮，永嘉葉適主之。

一、陳亮 字同甫，號龍川，浙江婺州永康人。才氣超邁，孝宗時四上書言事。中光宗進士第一，授僉書建康軍判官廳公事，未至，一夕卒。淳熙五年，上孝宗書云：「今之儒士，自以為得正心誠意之學者，皆風痺不知痛癢之人也。舉一世安於君父之仇，而方低頭拱手，以談性命，不知何者謂之性命乎」。他又譏當時士大夫說：「為士者，恥言文章行義，而曰盡心知性。居官者，恥言政事書刊。而曰學道愛人。相蒙相欺，以盡廢天下之實，終在百事不理而已」。是龍川之學主於事功，反對空談心性。他好談兵，言政事，均能切中事理，為孝宗光宗所賞識。惟以嫉之者多，詆訕交起，竟用空言，羅織成罪，入獄幾死，終得免。著龍川文集三十卷。

二、葉適　字正則，號水心，永嘉人。登進士第，累官至秘書郎，知建康府，修明政治，布置江防，金人不敢犯。水心喜精辨學術，謂八卦非伏羲畫，六十四卦非文王重。他又說文言繫辭說掛諸篇非孔子作。而對於孔子傳曾子，曾子傳子思道統之傳，亦有懷疑。如此則朱學之根據，幾乎完全被他攻破，這是朱學之大敵。浙東派與朱派根本不同，朱以哲理為中心，主無極太極理氣心性之說，浙東派以事功為中心，注重政治而藐視玄虛之說。著有水心文集，習學記言等書。

第四節　元代理學

元朝輕視文人，學術衰落，理學尤無發展。程朱派有許衡、劉因、趙復、吳澄。象山派有趙偕，鄭玉。許、劉篤信程朱。而吳鄭則折衷於朱陸。以上各家，僅能延續理學於一脈，未脫前人窠臼，似亦無可稱述者。

第五節　明代理學

南宋理學朱陸對立，爭論不休，然朱學終佔優勢。至明之中葉，勢未少衰。自陳獻章王守仁出，象山之學始大盛。

白沙學派

一、**陳獻章** 字公甫，號石齋，廣東新會白沙里人。世稱白沙先生。中會試乙榜，官翰林院檢討，著陳白沙全集。生於宣宗宣德三年，卒於孝宗弘治十三年。為學主靜坐。復趙提學書云：「僕才不逮人，年二十七，始發憤從吳聘君學，然未知入處。比歸白沙，杜門不出，專求所以用力之方，於是舍彼之繁，求吾之約，惟在靜坐。久之，然後知吾心之體，隱然呈露，常若有物，日用間，種種應酬，隨吾所欲，如馬之御銜勒也。於是渙然自信曰，作聖之功，其在茲乎。有學於僕者，輒教之靜坐」。人的動作生於心，而動作往往受制於物，以變其心，故必須養心。孟子曰「養心莫善於寡欲」，而寡欲之道，莫善於靜坐。靜坐則能凝思克己，此心寂然，不紛於物，故靜坐就是無欲，私欲盡去，天理自明，而止於至善。有此善心以應萬物，則左右逢源，無往而不適其中。以之修身則身修，以之齊家則家齊，以之治國則國治，以之平天下則天下平。心的效力發揮到極致，也就是完成心物合一的工夫。而此力是得之於靜，靜極復動，動則力生，靜為心之體，動為心之用，靜雖不可見，而發於外之力則可見。世之論者，謂靜坐為禪家事，非儒者所宜為。此又不然，民非水火不生活，禪儒皆然，豈能以禪家需水火，而儒者則不敢用水火。靜坐是收斂此心的方法，用於禪則禪，用於儒則儒，禪儒之分，不在於靜坐與否，而在於思想之差異。膠柱鼓瑟，其謬實多，此論未得其平。主靜之說，濂溪倡之，程門和之，至白沙專以靜坐教人。白沙初學晦庵，後又轉入象山一派，是唯心論者，對於陽明學說不無影響。

姚江學派

一、王陽明　名守仁，字伯安，浙江餘姚人，生於憲宗成化八年，卒於世宗嘉靖七年。曾築屋於陽明洞講學，世稱陽明先生，其學派稱姚江學派。陽明少志於學，師婁諒一齋，而婁諒則師吳宇弼康齋，陳白沙亦師康齋，是陽明之學與白沙同源。他曾學朱子的格物，去格竹子的理，未有所得，後在龍場驛，悟格物致知的方法，不應在事物上去求，應在心上去領悟，所以他以「心即理」，「致良知」，「知行合一」，「心物一體」教人。

1心即理　他說：「心外無理，心外無事」，所以反對在心外即物窮理。這心即理說，由象山得來。

2致良知　陽明四句教云：「無善無惡心之體，有善有惡意之動，知善之惡為良知，為善去惡事格物」。人的情感，在未發動的時候，此心寂然不動，適得其中，沒有善惡的分別。及至情感發生，若不得其中，就有過或不及，而產生了善惡。既有善惡，而能辨別善惡，就是良知。在辨別善惡的時候，要去人欲存天理，這番工夫，就是格物。這天理就是良知。這良知是自然的，不假外求的。見父自然知孝，見兄自然知弟，見儒子入井，自然有惻隱之心。這些都是自然的，不是造作的。聖人能去私復禮，使良知不受半點損害。愚夫愚婦，則只知縱欲，失其良知，而不能致，所以要用格物的工夫，使此良知光明起來，此之謂致良知。而此格物工夫，要從事上磨練。先生有一屬官謂先生曰，此學甚好，只因簿書訟獄繁難，不得為學。先生曰：「我何嘗教爾離了簿書訟獄，懸空去講學，爾既有官司之事，便從官司的事上為學，纔是真格物。如問一詞訟，不可因其應對無狀，起個怒心。不可因他言語圓轉，起箇喜心。不可惡他囑託，加意治之。不可因其請求，屈意從之。不可因自己事務繁冗，隨意苟且斷之。不可因旁人 毀羅織，隨人意思處之。這許多意思皆私，只爾自知，須精細省察克治。惟恐此心有一毫偏倚，枉人是非，這便是格物致知。簿書訟獄之間，無非實學。若離了事物為學，卻是著空」。這段話，把格物致知的道理，講的很透闢，先生之學，貴實行，不尚空言，要在事上見工夫，不在言論上爭長短，他是一個思想兼實行家。後世竊先生之言以炫世，言而不行，流於空虛，豈非先生的罪人？

3 知行合一　所謂知行合一者，知是良知，行是致良知。人必致良知於行事，而後良知的知，方為完成。由他和徐愛問答，可以知道。徐愛問他說：「如今人儘有知得父當孝，兄當弟者，卻不能孝不能弟，便見知與行分明是兩件事」。陽明曰：「此已被私欲隔斷，不是知行的本體了。未有知而不行者，知而不行，只是未知。聖賢知行，正是要復那本體，不是著你只恁的便罷。某嘗說，知是行的主意，行是知的工夫。知是行之始，行是知之成。若會得時，只說一個知，已自有行在，只說一個行，以自有知在」。他又說：「誠意之極，便是知行合一。」所以知行合一，又要誠意。

4 心物一體　傳習錄云：「先生遊南鎮，一友指巖中花樹問曰，天下無心外之物，如此花樹，在深山中，自開自落，於我心中，亦何相關，先生曰，你未看此花時，此花與汝心同歸於寂，你看此花時，此花顏色，一時明白起來，便知此花不在你的心外」。花在深山與人隔絕，花自花，人自人，但人花相遇，人看花自知其為花，是心與花為一體。又如好好色惡惡臭，目遇之而好，鼻嗅之而惡，好惡出於天性，不待教而後之，是好色惡臭與心為一體。心物合一，乃自然的，非人為的，人看了天地萬物所發生的是非問題，便是理，此即心與理為一，也就是心外無理，心外無事。

5 王學末流　陽明之學，流傳日廣，派別漸多。大約有王畿龍谿，王艮心齋兩派。龍谿主張無念無知，引用禪宗之言，以明其旨。又要把儒釋道三教貫通起來，這樣完全失掉理學的立場。王心齋以反己安身為格物工夫。世稱為淮南格物說，他以天下國家皆物也，而吾身是個矩，以己身之矩，正天下國家，即為格物。他雖想走向實用的途徑，但他個人的行動，不守一般禮法，似已失去矩的意義，不足以為天下法。所以王學末流，每況愈下，已失去理學本義，因而為一般人所不滿。

第六節　清代理學

宋學的修正

一、黃梨洲　名宗羲，餘姚人，明末遺臣，為劉蕺山弟子，以慎獨實踐為主，救晚明心學空疏之談。他說：「學者必先窮經，經術所以經世，乃簿為迂儒」。又曰讀書不多，無以窮斯理之變，讀書多，而不求於心，則又為偽儒矣」。這是重心體，博學的宗旨。

二、王夫之 字而農，衡陽人，明崇禎舉人。居衡陽石船山，學者稱船山先生。康熙十八年卒。與梨洲同時，不喜陽明之學，惟崇拜橫渠、程、朱、不尚空談，尊重物德性之實踐。作大學補傳衍，力斥空疏之心學，又作正蒙注，以發揮橫渠之學。

三、孫奇逢 字啓太，號夏峰，河北容城人。李顒，字中孚，號二曲，陝西盩厔人。孫李論學，大體皆宗陽明。於程朱學說，各取其長，不偏立宗旨。

四、陸世儀 字道威，號桴亭，江蘇太倉人。不喜白沙陽明之學，謹守程朱，以居敬窮理為主。他說：「近人講學，多以晉人清談，甚害事。孔孟無一不教人就實處做」。他又說：「嘉慶以後，謬學流傳，即乳臭狂童，兎園野叟，一拾唾餘，便說性談天，直是出堯舜周公之上，世道之衰，未知所底」。這是痛斥王學之末流。

宋學的反動

一、顧炎武 字寧人，號亭林，江蘇崑山人。明諸生。為樸學大師，倡經學即理學之說。絕口不言心性。以知恥博學教人。與友人論為學書，言之剴切。專講考據，不講心性，奠定乾嘉學風之基。

二、顏習齋 名元，字渾然，直隸博野人。他反對宋學，態度明朗，意志堅決。他說：「予未南遊時，尚有將程朱附之聖門之意。自一南遊，見人人禪子，家家虛文，直與孔孟對敵，必破一分程朱，始入一分孔孟，乃定以為孔孟與程朱判然兩途。不願作道中鄉原矣」。他又說明氣質之非惡，靜敬之不可恃，章句誦讀之不足以為學。要之理學無益於人國。他把宋明六百年的理學，一舉而廓清之。這真是宋明理學最強烈的反動。習齋著作無多，只有存學存性存治存人四編。存學編，說孔子以前的教育法，在習行禮樂射御書數六藝，他對靜坐與誦讀痛加駁斥。存性編，宗孟子之性善說，反對宋儒變化氣質之說。存治編，發揮政治主張，行均田，復選舉，重武事等。存人編，專駁佛教。他主張習事見理，又主張，「端坐習恭，扶起本心之天理」。仍不脫宋學窠臼。

三、李塨　字剛主，號恕谷，直隸蠡縣人，康熙舉人，亦反對宋學，他的著作比較多，於習事見理的主張外，又強調理在事中，及道理出於實事兩點，反對宋學家，「理在事上，理在事先」之說。習齋主張行古制，李恕谷從事考古，這樣不前進又後退，創造精神大為減弱。

四、戴東原　名震安徽休寧人，乾隆四十年，賜同進士出身，改翰林庶吉士。震倡義理之學，初守宋儒義理，後乃自闢蹊徑，創立新說。著原善及孟子字義疏證，專以闢宋學為務。東原以人之大患，在私與蔽，欲去私解蔽，必先重知，他說：「聖人之言，無非使人求其至當，以見之行。求其至當，即先務於知也。凡去私不求去蔽，重行不先重知，非聖學也」。

第五章 文 章

第一節 概 說

文章的界說 釋名云：「文者，會集眾綵，以成錦繡，合集眾字，以成辭義，如文繡然也」。說文云：「樂竟為一章，从音从十，十數之終也」。文章二字之運用，在古籍中，亦不可少見。可知，凡是有法度，有文采，表情達意的文字組合，在古代都稱之為文章。後世則專指所寫成之篇章。

文章的分類 文章之分類，各家主張不同，晉陸機分為：1詩，2賦，3碑，4誄，5銘，6箴，7頌，8論，9奏，10說，十類。昭明文選分詩文體裁為三十九類：1賦，2詩，3騷，4七，5詔，6冊，7令，8教，9策問，10表，11上書，12啓，13彈事，14牋，15奏記，16書，17移，18檄，19難，20對，21設論，22辭，23序，24頌，25贊，26符命，27史論，28史述贊，29論，30連珠，31箴，32銘，33誄，34哀文，35碑文，36墓誌，37行狀，38弔文，39祭文。清姚鼐譏其「分體碎雜，立名多可笑者」。宋鄭樵通志藝文略，分為二十一類：1楚詞，2別集，3總集，4詩總集，5賦，6贊頌，7箴銘，8碑碣，9制誥，10表章，11啓事，12四六，13軍書，14案判，15刀筆，16俳諧，17奏議，18論策，19書，20文史，21詩評。馬端臨文獻通考，經籍門，集部七類：1賦詩，2別集，3詩集，4歌曲，5章奏，6總集，7文史。明吳訥文章辨體分為五十類。徐師曾文體明辨分為百餘種。分體繁雜，茲不備述。姚鼐古文辭類纂分文章為十三類：1論辯類，2序跋類，3奏議類，4詔令類，5書說類，6贈序類，7傳狀類，8碑誌類，9雜記類，10箴銘類，11頌贊類，12哀祭類，13辭賦類。曾國藩編經史百家雜鈔，總分三門，共十一類：一、著述門：1論辨類，2詞賦類，3序跋類。二、告語門：1詔令類，2奏議類，3書牘類，4哀祭類。三、記載門：1傳誌類，2敘記類，3典志類，4雜記類。按別集總集為文集、非文體、鄭馬分類殊欠精審。姚氏分類較曾為長。文章分類實為不易，文體由演變而來，自有其演變之軌迹，非可截然分開者。所謂分類，乃不過就文章之形式內容，大略加以區分，以便解說而已。

第二節　散文——古文

散文的界說　散文對駢文而言。句調散行，不受字數聲律的限制，文貴樸質而切當情理，所以名之曰散文。

散文的起源　散文之學，自古有之。周秦諸子之文，都是散文。但在那時的文章，只求樸實說理，無所謂駢散之分。到了六朝，駢文興起，以後又生流弊，到唐宋發生古文運動，古文運動就是散文運痛，古文和駢文的對立，即是散文和駢文的對立。自此而後，才有散文之稱。

歷代的散文

一、周秦兩漢散文　尚書春秋為中國最古的散文，尚書簡質工麗，春秋辭約旨博。老莊之文，語含諷刺，文尤奇警。墨韓孟荀，深中事理，樸實無華。左傳國語，波瀾壯闊，文筆跌宕。公羊穀梁，自設問答，委婉入聽。戰國策，是縱橫之言，取譬成文，議論風生。李斯諫逐客書，最善持論感動人主。西漢散文名家，有董仲舒、東方朔、司馬遷、劉安、劉向等。東漢散文家，則有班固、王充、鄭玄、蔡邕等。史記文詞清麗，情感豐富。漢書記事確實，結構完密，均為散文家所推重。王充論衡，倡仁義、崇儉德、破除迷信、糾正虛偽、對天演、物理、天文、地理、立論精闢，富有科學思想。而筆力矯健，變化多端，思想超越，壁立胸中，自是人中龍，文中虎。

二、三國的散文 魏代散文，大約可分悲壯清麗兩派，魏武、陳思、王粲、陳琳、吳質為悲壯派，魏武為之首。魏文、阮籍、繁欽、為清麗派，魏文為之首。而魏文的典論論文，又為文學批評之祖。吳蜀文學，雖不及魏，然孫權責諸葛謹詔，讓孫皎書，亦皆條達古雅。而諸葛亮的出師表，尤為血淚文章。

三、兩晉南北朝的散文 兩晉南北朝為駢文極盛時期，很少純正的散文出現，多少要帶駢文氣味，只有王羲之的蘭亭集序，陶淵明的五柳先生傳，桃花源記，為純正的散文。酈道元的水經注文筆清雋，亦為散文巨製。

四、隋唐散文 文到六朝，形成唯美的駢文時代，此時的文學，已脫離了人的實際生活。北周的蘇綽曾作復古運動，以樸素的文筆作文誥。隋文帝也下詔禁止浮豔文字，提倡實錄。唐初陳子昂，李華，元結等，也不滿意駢文。由此說來，古文運動，早已萌芽了。到了韓愈，大倡古文。柳宗元和之，李翺孫樵繼之。韓愈之文，由經史子得來，是學而得其神者。如原道，原性，師說，答李翊書之類，文義深粹，自為傑作。與韓愈同時，而以古文名者，則有柳宗元。柳氏之文，遠紹韓非，而描寫山水，則取法於水經注。故以遊記與寓言為最工。寓言如黔之驢，永某氏之鼠，遊記如永州八記，皆為上品。韓柳而外，又有皇甫湜樊宗師等，好為艱澀之文，樊宗師的絳守居園池記，其句讀文義，幾令人不可解。古文又走入魔道，已失古文運動之真義。白居易之文，淺易真切，意味深長，如醉吟先生傳，與元九書，均得自然之妙。至於晚唐五代之散文，則無可稱述者，惟周人王朴平邊策，切中時弊，頗有裨於治術。

五、宋代散文　宋興百年之間，文體仍存五季餘習，一般士人，論點卑下，文氣衰弱。蘇舜欽穆修等，思有以振之，而力有不逮，及歐陽修出，提倡古文，文風丕變，唐宋古文八大家，而宋得其六，古文運動，至宋始告成功。歐陽永叔之豐樂亭，真州東園記，為雜記之最佳者。曾鞏雜記，如墨池記，擬峴臺記亦佳。王安石明於治術，其文亦拗折凌厲，上仁宗皇帝書，闡發治國之道，在儲備人材，以教之，養之，取之，任之，為中心理論，反覆推勘，語意警策，為不朽之作。蘇洵長於議論，文法孟子國策，御將心術二篇，識見超拔。蘇軾取法孟莊，以刑賞忠厚之至論一文，賞識於歐陽修，文名噪天下。蘇轍年十九，與兄軾同登進士，為文澹泊，有如其人。此六家之文，雖不能超出韓柳範圍，然亦自有其變化，固非因襲摹擬之流。

六、明代散文　宋明之間，以散文名者，只有金元好問為第一家。明初浦江宋濂，青田劉基，寧海方孝孺，諸人之文，皆雄偉博大，頗有開國氣象，謂之開國旅。成祖永樂憲宗成化間，建安楊榮，石首楊溥，泰和楊士奇，倡為平易的臺閣體，以後流於膚淺。孝宗弘治間，茶陵李東陽譏其萎弱，主張復唐宋的古文。而慶陽李夢陽，則主張文必秦漢詩必盛唐，與信陽何景明，吳縣徐禎卿，歷城邊貢，武功康海，鄂人王九思，儀封王廷相號為七子，亦稱前七子，謂之秦漢派。此復古運動，為臺閣體與八股文的反動。然李何學古文，善而不至，僅存其貌，為一搬人所不滿。武宗正德以後，晉江王慎中，崑山歸有光，武進唐順之，歸安茅坤，倡韓柳歐曾之文，以矯其弊，謂之八家派。歸有光點評史記，講求古义義法，唐順之編唐宋八大家文鈔，茅坤從而圈點批評。世宗嘉靖間，歷城李攀龍，反對八大家文，提倡秦漢文。於明，獨推重李夢陽，與臨清謝榛，大倉王世貞，楊州宗臣，順德梁有譽，長興徐中行，興國吳國綸，稱七才子，亦稱後七子，與前七子同為秦漢派，以與王慎中八家派對抗。此外另有英宗正統間，新會陳獻章白沙，武宗正德間，餘姚王守仁陽明，不擬唐宋，不倣秦漢，卓然自成一家。謂之獨立派。傳陽明之學者，有李卓吾等，他們對擬古拜孔起了強烈的反對。卓吾死後，他的弟子三袁，承卓吾衣鉢，人張反擬古的旗幟，創造公安派的文體。三袁是原宗道，袁宏道，袁中道，兄弟三人。他們是湖北公安人，故稱為公安派，以袁宏道中郎最為有名。公安派的主張有二：1文學是進化的，不能擬古。2人是有個性的，文章也要獨抒性靈，不能囿於格套。三袁以清新輕俊，力矯王李之聱牙戟口。登高一呼，天下響應，學者舍王李而從三袁。繼公安而起者有竟陵派。竟陵人鍾惺譚元春創冷峭文體，以矯公安之淺俗。竟陵與公安文體雖異，然文學理論則無二致。蓋竟陵派亦反對擬古。不過在技術方面，好用怪字倒句，造成帶有冷峭苦澀的文章，讀起來比公安體有點艱澀，但比皇甫湜，樊宗師的文章，好懂的多。此時又有王思任，字季重，號謔庵，浙江人。於冷峭中有詼諧，趣味橫生。山陰張岱，鎔鑄公安竟陵之長，自成一體。其文學理論與公安竟陵同。他著書很多，只存有陶庵夢憶，西湖夢憶數種傳於世。

七、清代散文 寧都魏禧，商丘侯方域，長洲汪琬，為清初三家。魏，侯以家國之思，文章頗能動人。汪仕於清，文遜於侯魏。其次，又有常熟錢謙益，太倉吳偉業，合肥龔鼎孶，亦稱江左三家。此外，如南昌彭士望，武進邵長蘅，宣城施閏章，秀水朱彝尊等，散文都有名。清之中葉，在文壇上，能獨樹一幟，影響力最大者，只有桐城派。桐城派創於方苞，劉大櫆姚鼐繼之。姚鼐為桐城大師，姚文遠紹韓愈，近法歸有光與方苞。方苞專講義法，他說：「語錄中語，漢賦中板重字法，魏晉六朝之藻麗俳語，詩歌中雋語，南北史佻巧語，皆不宜入古文」。姚氏又倡，神理氣味格律聲色之說。劉大櫆又強調字句音節神氣之連貫性，完成桐城派義法的體系。大幟一張，海內靡然從風。當時師方苞的，有桐城方杓、張尹、劉大櫆等。傳大櫆之學者，則有歙縣程晉芳，金榜等。而姚鼐亦親受古文法於劉大櫆。姚鼐之門下，有桐城姚瑩，上元梅曾亮管同，桐城方東樹，湘鄉曾國藩雖亦宗姚氏，然曾氏之文，亦不專守姚氏家法，頗鎔鑄選學於古文，又自成一家。繼曾氏之後傳姚鼐之學者，有長沙王先謙選續古文辭類纂一書。傳曾氏之學者，有無錫薛福成，桐城吳汝綸等。桐城之學滿天下，迄清末而未少衰。當桐城派極盛之時，武進張惠言皋文，陽湖惲敬子居，亦學古文，號陽胡派。乾隆間，錢伯坰、魯思、受業於劉大櫆，誦師說於其友惲子居，張皋文，二子盡棄其駢儷考據之學，而學古文。是陽湖派，亦淵源於桐城派。但二派確有不同之點，桐城派主從唐宋八大家之手，取徑於歸有光，辭重簡樸，神在清淡。而陽湖派主從漢魏六朝入手，取徑於唐宋八大家，辭意要瑰瑋，聲情要並茂。欲恢復古代駢散不分之禮。這兩派的分野。傳張惠言之學者，有武進董士錫，富陽周凱等。傳張惠言之學者，有武進董士錫，富陽周凱等。傳惲敬之學者，有武進謝士元謝嵋等。遜清一代散文大概如此。

第三節　辭　賦

辭賦的界說　文心雕龍云：「賦者鋪也，鋪采摛文，體物寫志也」。古文辭類纂序云：「辭賦類者，風雅之變體也」。又曰：「辭賦固當有韻，然古人亦有無韻者，以義在托諷，亦謂之賦耳」。由此可知，辭賦是風雅的變體，詩人體物寫志，用以諷諫的一種文體。

辭賦的演變　文心雕龍云：「自我風雅寖聲，莫或抽緒，奇文鬱起，其離騷哉」。這是說離騷直接於詩經，也是賦的老祖宗。屈宋諸賦謂之楚詞。楚詞一變，而為兩漢的賦，再變而為六朝的賦，其真義已失，品格亦低。到了唐宋，由六朝駢儷，再變為律賦，律賦一變而為文賦。這也是賦的革新。

辭賦的分類

一、楚辭　楚辭以屈原作品為主。屈原是楚大夫，事楚懷王，為上官大夫所讒，被貶江南，作離騷諸篇，以明志，最後投汨羅江而死。楚國在中國古代是被歧視的，詩經的十五國風，無楚風。到了戰國，楚已強大，出了一位偉大的詩人屈原，為楚國文學創一新紀元。屈原及其弟子宋玉景差等作品，名曰楚詞。因為他們都是楚人。楚詞之名始於漢初，漢書王褒傳：「宣帝時，徵能為楚詞，九江被公招見誦讀」。及劉向校書，遂將屈宋作品，及賈誼惜誓，淮南小山招隱士，東方朔七諫，嚴忌哀時命，王褒九懷，及向的九歎等何為一集，名曰楚詞。這樣就與楚詞的名實不副了。王逸又附入自己的九思，也是不應該的。

漢書藝文志賦類首列屈原賦二十五篇。經歷代各家考證，離騷，九章，為屈原作品。朱熹指明九歌十一篇亦屈原作，為祀神歌舞。天問有人疑非屈原作。胡適以天遠遊為後人擬作。王逸斷定卜居漁夫二篇為楚人思念屈原而作。近人傅隸樸先生總合各家意見，認為大招、招魂都是屈原的作品，九歌的國殤山鬼應併為一篇，禮魂為尾曲，應附在各曲之後，不必獨立成篇。如此則只剩二十三篇，用招魂大招二篇補其缺則仍為二十五篇。

二、古賦　古賦是別於排賦律賦文賦，指漢賦而言。古賦，漢書藝文志物類分賦為四類：1自屈原賦至王褒賦二十家三百六十一篇。2自陸賈賦至朱宇賦二十一家二百七十四篇。3自孫卿賦至路恭賦二十五家百三十六篇。4自客主賦至隱書十二家二百三十三篇。陸賈賦及所屬枚皋，朱建嚴助，朱買臣賦，都已失傳。雜賦及荀子以後諸家賦，亦不傳。漢朝賦家，以賈誼為最早，弔屈原賦，鵩鳥賦，都是不平之鳴。其餘如枚乘的七發，司馬相如的子虛、上林、大人、長門。東方朔的七諫，答客難。揚雄的甘泉，羽獵，長楊等賦為最有名。東漢除班固兩都賦外，又有張衡的兩京賦，左思的三都賦。蔡邕也有很多的賦，如述行，短人，釋誨等，為有名。總之，西漢的賦，偏於宮殿遊獵山川之作，侈麗宏衍，旨在迎合君主心理，以博取利祿，似無風骨可言。武帝把文人看作俳優，宣帝把作賦視同博奕。文人在西漢是不被重視的。氣節也因而喪失。到了東漢，君主把文人地位提高，賦的作風也有點改變。賦的體制，雖仍因襲西漢之舊，描寫仍不免於誇大，而在賦的風度上，則比西漢為嚴肅，意在諷喻，不作諂諛之詞。如張衡的幾篇短賦，則為言志之作。到了魏晉，短賦成為主體。從曹丕曹植到陶潛，他們的賦，幾乎都是短賦，題材擴大，不限於宮殿遊獵山川，凡是抒情說理詠物敘事，都成了賦的題材。字句的琢鍊，已到了清麗細膩的地步。而作者個性與情感，也溶化滲透於其中，是有生命的，是真實的作品。

三、駢賦 南北朝的賦，仍以短賦為主。在寫作技術上，排除漢賦散文對話的首尾與每段提頭接頭字，完全用詩句與排句組成。惟以對偶聲律的限制，趨於唯美的淫靡，但也有不少的佳作。如陸機的文賦，是最精粹的文學批評。歎逝賦亦警策動人。潘岳的西征賦、閑居賦、秋興賦、都很有名。而寡婦賦，又寫得十分悲切。江淹的別賦，纏綿悱惻，寫幽怨的情緒。鮑照的蕪城賦，雄健濃麗，尤為新人耳目之作。庾信的哀江南賦，沈鬱悲壯，可謂離騷以後的傑作。而他的春賦，則非常綺麗。鏡賦描寫婦女生活，尤為艷麗細膩，以文字畫美人，可謂盡文字之妙。

四、律賦 唐賦承六朝的餘習，日趨於駢儷。又受上官儀六對八對之限制，沈約四聲八病的影響，只注意到形式，而不顧及內容。賦的格式成了定形，故曰律賦。律賦是以叶韻切題為主。最重要的，就是破題，開頭幾句，必須籠罩全篇，說破題意，使人一看就明白。律賦又須限官韻，或以題為韻，士子按序用韻，押在每段的末尾。限制人的思想，桎梏人的性靈，真是文字的魔障。

五、文賦 古文運動開始於唐，而完成於宋。律賦受古文運動的影響，也漸漸為人所厭棄，起而改革。於是以作散文方法作賦，專尚說理，不拘格律，實則等於有韻的古文。雖較律賦為由，然不合於賦體。如歐陽修的秋聲賦，蘇軾的赤壁賦皆是。

第四節　駢文

駢文的界說 駢文是文體的一種，字要虛實相對，句要排比成雙，句法變化，平仄調協，每兩句一排，四句一偶、非騷、非賦、自成一格。大概是由賦演變而來。柳宗元有駢四儷六一語，駢文之名始於此。

駢文的起源 中國古經多用駢句。如易：「易知則有親，易從則有功」。書：「乃聖乃神，乃武乃文」。老子：「禍兮福之所倚，福兮禍之所伏」。這些對句，都是樸實無辜的。離騷：「朝搴阰之木蘭兮，夕攬洲之宿莽」。「惟草木之零落兮，恐美人之遲暮」。這些詞句，已有清麗圓潤的味道兒，這大概是陰陽牝牡，是自然的現象，樂羣善感，是人類的天性。排比有韻的語文，容易記憶，受人歡迎。駢文就是在這種條件下，慢慢的孳乳發展起來。

駢文的演變　諸子離騷間用偶句行文，已如上述。到兩漢，枚乘司馬相如，即好用偶句作賦，張衡蔡邕漸用四六句子，建安七子，又競尚綺麗。一到西晉，陸機潘岳，更以駢儷相馳逐。齊梁又倡聲韻，至陳登峯造極。北朝文雖有清剛之氣，然仍敵不住南朝之駢儷。終究為他們所同化。唐初四傑，致力於駢文，尤享盛名。及陳子昂韓愈柳宗元提倡古文，駢文氣勢稍替。而唐李商隱輩，又復為駢偶文，自五代迄宋，駢文又復盛行。宋時，雖有歐陽三蘇曾王的古文運動，然駢文仍不稍廢。且能去雕琢，返於自然。故號為宋四六體。經元明至清，李兆洛的駢體文鈔，與姚鼐的古文辭類纂，並行不悖。及語體文流行，而駢文遂告結束。

歷代駢文

一、南北朝的駢文　駢文孕育於兩漢，發達於魏晉。到了南北朝，為極盛時期。亦可稱為駢文的極軌。南北兩朝駢文的風味不同。大抵南貴清綺，文勝其意。北重氣質。理勝其辭。如臨沂顏延之，陽夏謝靈運，東海鮑照，陽夏謝莊，均為劉宋駢文大家。陽夏謝朓，山陰孔稚圭，武康沈約，博昌任昉，考城江淹，順陽范雲，平原劉峻，烏程丘遲，皆為齊梁之秀者。而梁元帝的金縷子，莒劉勰的文心雕龍，亦均著名。郯徐陵，考城江總，為陳之能手。北魏之冤句溫子昇，鉅鹿魏收邢邵號稱三才子。涿鹿酈道元的水經注，尤為人所稱造。

二、唐宋的駢文　龍門王勃，華陰楊炯，范陽盧照隣，義烏駱賓王，為唐初駢文四大家，號稱四傑。其後如曲江張九齡，嘉興陸贄，贊皇李德裕，亦擅駢文。而河內李商隱之四六，又開宋四六之先聲。宋初以駢文名者，首推廣陵徐鉉。此外，如范縣張昭，饒陽李昉，新平陶穀，大名宋白，皆為五代遺臣，所為駢文，一遵唐人法度。稍後，以駢文名，而能影響一時風氣者，當推浦城楊億，大名劉筠。其餘如安陸宋祁，晉陵胡宿，華陽王珪，皆未脫唐人氣味。至盧陵歐陽修出，其體始稍變。南宋以德興王藻為最。其代隆祐太后詔，世皆稱之，其後鄱陽洪适虹遵洪邁，盧陵周必大，山陰陸游，吉水楊萬里，所作四六，亦甚絕妙。他若崇仁李劉，歙人方岳，亦為四六專家。然已漸無古意。惟臨海陳耆卿，頗有渾灝流轉之氣。宋四六佳者，生動自然，不若唐之呆板滯澀，故能別開生面，號宋四六。

三、元明的駢文　元明文學，以散文為主。駢文不甚發達。只有當時的八股文，可以說是駢文。八股亦稱「制義」，又叫時文。八股文源於宋之經義。而限出四書題，用朱注，文字限三百字，則始於元仁宗皇慶二年。至於八股文之形成，則始於明憲宗成化年間。顧亭林日知錄云：「股者對偶名也。天順以前，經義之文，敷衍傳注，或對或散，初無定格。成化二十三年會試，乃以反正虛實淺深，扇扇立格，八股之制，實始於此」。八股的字數，清世祖順治定為四百五十字，聖祖康熙，改為五百五十字。後又增至六百字，以後雖有出入，仍在六百字上下。八股文，把一篇文分成八段。1破題，起首只有兩句，說破全題意思。2承題，申述破題的意思。普通用兩三句。

3起講，也叫原起，說明全篇起原。4起股，也叫提比前比，開始發揮題義。5虛股，也叫中比，為轉筆，另有兩具，承起股轉入中股。6中股，也叫大比，承起股發揮題義。7後股，也叫後比，具體的申明中股之義。8結束，也叫大結，總結一篇主旨。破題、承題、起講、結束、用散句。起股、中股、後股、要用同樣形式的偶句。所以稱股和扇，四股成雙，所以叫做八比。虛股大結，以後逐漸廢柴，起講之後，只有前中後三股。八股文，是駢文的變體。但駢文的精神，已經喪失。

四、清代駢文 清代駢文，除八股文外，駢文作者很多。清中葉，有平江胡天游，武進洪亮吉，江都汪中三大家。此外又有宜興陳維崧，蕭山毛奇齡，錢塘袁枚，曲阜孔廣森，河間紀昀，儀徵阮元，桐城劉開等，為有名。湘潭王闓運著湘綺樓文集，曾用庾子山原韻，作哀江南賦，寫太平天國事。南皮張之洞著廣雅堂駢文，模仿四六。此時的駢文，不專用立於詞與律的修整，而注重思想與情感的發揮，在內容方面較有進步，當時的名篇佳作，在質量兩方，均有可觀。

第六章　詩　歌

第一節　概　說

詩歌的界說　禮記樂記云：「詩言其志也，歌詠其聲也，舞動其容也，三者本於新，然後樂器從之」。此之所謂志，是感情，非志向之志。人有了感情，用文字表達出來，就是詩。文字的表現，又嫌不足，故又高聲歌詠之。就是歌。歌詠之又嫌不足。故又舞蹈之，就是舞。墨子公孟篇曰：「誦詩三百，弦詩三百，歌詩三百，舞詩三百」。這明白的說明詩三百篇可以誦，可以弦，可以歌，可以舞。是一種東西而有四種不同的表現方法。而其共同的條件，則是音樂。所以合稱之曰詩歌。亦可稱為詩歌文學。

詩歌的起源　人類先有語言，而後有文字，用文字以記載語言，擴大語言的時間性及空間性。在未有文字以前，用語言以表現情感的歌謠，已無可考。尚書舜典云：「詩言志，歌永言，聲依永，律和聲」。這是最早關於詩歌之文字。相傳堯時有擊壤歌，「日出而作，日入而息，鑿井而飲，耕田而食，帝力何有於我哉」。尚書大傳載舜時的卿雲歌，「卿雲爛兮，糾縵縵兮，日月光華，旦復旦兮」。這都是最早的歌謠。中國有史時代，據考證，始自殷代，殷代以前的記載，似乎缺乏真實性。所以最早的詩歌，是詩三百篇。

第二節　詩　經

詩經的文學　詩經為中國最早的詩歌總集，為文學之祖，為後世各體韻文所自昉。茲分類述之。

一、詩句的組合

1 一字句　緇衣：「敝，予又改為兮」。及「還，予授子之粲兮」。「敝」，與「還」，二字應當逗句，此為一字句。

2 二字句　維清：「維清緝熙，文王之典，肇禋，迄用有成，維周之禎」。肇禋為二字句。

3 三字句　簡兮：「山有榛，隰有苓」。此為三句連續者。尚有單句者。牆有茨：「牆有茨，不可埽也」。

4 四字句　靜女：「靜女其孌，貽我以彤管」。四字句最多，不勝枚舉。

5 五字句　小旻：「哀哉為猶，匪先民是程，匪大猶是經，維邇言是聽，維邇言是爭」。此為五字句連續者。尚有單句者。「發言盈庭，誰敢執其咎」。

6 六字句　小旻：「如匪行邁謀，是用不得于道」。

7 七字句　小旻：「如彼築室于道謀，是用不潰于成」。

8 八字句　伐檀：「不狩不獵，胡瞻爾庭有縣貆兮」。

9 九字句　泂酌：「泂酌彼行潦挹彼注茲，可以餴饎」。

二、詩韻的形成　古代聲韻尚無定制，詩經用韻本無定法，但求調協悅耳，易於記憶，發於天籟，非出於人為。流傳已久，成為習誦。後之研讀詩經者，就其已有之韻，分析綜合，為之解說。顧炎武日知錄，論古詩用韻之法有三：

一、「首句次句連用韻，隔第三句而於第四句用韻者，關雎之首章是也。凡漢以下詩，及唐人之律詩首句用韻者，源于此」。茲舉關雎為例：

關關雎鳩，在河之洲，窈窕淑女，君子好逑。

二、「一起即隔句用韻者，卷耳之首章是也。凡漢以下詩，及唐人律詩之首句不用韻者，源于此」。茲舉以為例：

采采卷耳，不盈傾筐。嗟我懷人，置彼周行。

三、「自首至末，句句用韻者，若考槃，清人，還，著，十畝之間，月初，素冠諸篇，又如卷耳之二章、三章、四章、車攻之一章、二章、三章，七章，長發之一章、二章、三章、四章、五章是也。凡漢以下詩，魏文帝燕歌行之類源于此」。茲舉還為例：

子之昌兮，遭我乎狃之陽兮。並驅從兩狼兮，揖我謂我臧兮。

以上為正格，又有變格，顧氏又云：「自是而變，則轉韻矣。轉韻之始，亦有連用隔用之別。而錯綜變化，不可以一體拘」。他把這種變格分之為四：

一、「上下各自為韻，若兎罝及采薇之首章，魚麗之前三章，卷阿之首章者」。茲舉兎罝首章為例：

肅肅兎罝，椓之丁丁。赳赳武夫，公侯干城。

二、「首末自為一韻，中間自為一韻，若車攻之五章者」。茲舉以為例：

決拾既佽音次與柴叶，弓矢既調讀如同與同叶。射夫既同，助我舉柴音恣

三、「有隔半章自為韻，若生民之卒章者」。茲舉以為例：

卬盛于豆，于豆于登，其香始升，上帝居歆，胡臭亶時，后稷肇祀，庶無追悔，以迄於今。

登升二字屬烝韻，歆今二字屬侵韻，古可通。時祀悔三字，平仄不同，在詩韻無可通之理。故曰隔半章自為韻。

四、「有首提二韻，而下分二節承之，若有瞽之篇者」。茲舉以為例：

有瞽有瞽，在周之庭。設業設虡，崇牙樹羽。應田縣鼓，鞉磬柷圉，既備乃奏，蕭管並舉。喤喤厥聲，肅雝和鳴，先祖是聽，我客戾止，永觀厥成。

瞽與庭，為首句所提出之二韻。設業設虡，崇牙樹羽，應田縣鼓，鞉磬柷圉，既備乃奏，蕭管並舉。以上叶瞽韻。喤喤厥聲，肅雝和鳴，先祖是聽，我客戾止，永觀厥成。以上叶庭韻。

按顧氏所論正格，久已風行於世。至於變格，則失於牽強，似不足法。

三、詩的對句

1 漢廣：南有喬木，不可休息。漢有游女，不可求思。

2 谷風：毋逝我梁，毋發我笱。

3 簡兮：左手執籥，右手執翟。

4 北風：北風其涼，雨雪其雱。

5 鶉之奔奔：鶉之奔奔，鵲之彊彊。

6 碩人：手如柔荑，膚如凝脂。領如蝤蠐，齒如瓠犀。

7 葛屨：糾糾葛屨可以履霜，摻摻女手可以縫裳。

8 七月：九月築場圃，十月納禾稼。

9 出車：倉庚喈喈，采蘩祁祁。

10 采　：伐鼓淵淵，振旅闐闐。

11 斯干：噲噲其正，噦噦其冥。

12 巷伯：驕人好好，勞人草草。

13 蓼莪：南山烈烈，飄風發發。

14 信南山：疆場翼翼，黍稷彧彧。

15 緜：捄之陾陾，度之薨薨。
16 思齊：雝雝在宮，肅肅在廟。
17 生民：釋之叟叟，烝之浮浮。
18 假樂：威儀抑抑，德音秩秩。
19 公劉：逝彼百泉，瞻彼溥原。
20 抑：匪手攜之，言示之事。匪面命之，言提其耳。
21 抑：誨爾諄諄，聽我藐藐。
22 烝民：四牡騤騤，八鸞喈喈。
23 載芟：厭厭其苗，緜緜其麃。
24 殷武：赫赫厥聲，濯濯厥靈。
25 韓奕：百兩彭彭，八鸞鏘鏘。

四、詩的疊句

1 楚茨：既齊，既稷，既匡，既敕。
2 信南山：既優，既渥，既霑，既足。
3 信南山：是剝，是菹。
4 大田：既方，既皁，既堅，既好。

5 緜蠻：飲之，食之，教之，誨之。
6 生民：維秬，維秠，維穈，維芑。
7 生民：或舂，或揄，或簸，或蹂。
8 公劉：于時言言，于時語語。
9 板：如壎，如篪，如璋，如圭，如取，如攜。
10 蕩：如蜩，如螗，如沸，如羹。
11 韓奕：有熊，有羆，有貓，有虎。
12 韓奕：實墉，實壑，實畝，實籍。
13 常武：如飛，如翰，如江，如漢，如山之苞，如川之流。
14 淇奧：如切，如瑳，如琢，如磨。
如金，如錫，如圭，如璧。
15 斯干：如跂斯翼，如矢斯棘，如鳥斯革，如翬斯飛。

五、詩的疊字

1 繪聲疊字
關雎：關關雎鳩。
草蟲：喓喓草蟲。

風雨：雞鳴膠膠。
鹿鳴：呦呦鹿鳴。
伐木：伐木許許。
緜：築室登登。
七月：鑿冰沖沖。

2　繪形疊字

伐木：蹲蹲舞我。
賓之初筵：屢舞僛僛。
淇奧：綠竹猗猗。
采薇：楊柳依依。
桃夭：灼灼其華。

六、詩的描寫

詩大雅三頌，文尚質樸，小雅亦多佳篇，而風詩之描寫，則極為工巧。王漁洋詩話云：「余因思詩三百篇，真如化工之肖物。如燕燕之傷別。籊籊竹竿之思歸。蒹葭蒼蒼之懷人。小戎之典制。碩人次章寫美人之妖冶。七月次章寫春陽之明麗，而終以『女心傷悲，殆及公子同歸』。東山之三章『我來自東，零雨其濛，鸛鳴於垤，婦歎於室』，四章之『其新孔嘉，其舊如之何』，寫閨閣之致，遠歸之情，遂為六朝唐人之祖。無羊之『或降於阿，或飲於池，或寢或訛，爾牧來思，和簑何笠，或負其餱，麾之以肱，畢來既升』字字寫生，恐史道碩，戴嵩畫手，未能如此極妍盡態也」由此可見詩三百篇，在文學上之價值。

第三節　樂　府

樂府的界說　樂府是掌管樂歌的機構，不是詩歌的名稱。它的任務，是徵集民謠，或製定新歌，後人為了簡化名稱，遂以漢合樂的詩歌，稱之為樂府。

樂府的起源　漢書禮樂志云：「武帝定郊祀之禮，祠太一於甘泉，祭后土於汾陰，乃立樂府，采詩夜誦，有趙代秦楚之謳，以李延年為協律都尉，多舉司馬相如等數十人，造為詩賦，略論律呂，以合八音之調，作十九章之歌」。由此可知，樂府的工作有兩種，一是蒐集民間歌謠，一是自製新詞，這些歌，都被之管絃，以便歌謠。後來把這協律的詩歌，稱之曰樂府。禮樂志又云：「孝惠二年使樂府令夏侯寬更房中樂，為安世樂」。據此，則樂府之設，似不使於孝武，孝惠時已有此官。而禮樂志所以又言孝武立樂府者，旨在說明孝武之立樂府，乃在於定郊社之禮，製郊祀之樂，樂府之任務，與前稍有不同。故樂府令之設，始於孝惠帝，而樂府組織之擴大，則始於孝武帝。

樂府的演變　漢樂府詩的製作，有聲有辭者為樂府之本曲，如郊祀、相和、鐃歌、橫吹等曲，是樂府之創造入樂者。東漢初葉，有摹擬之作，如東平王蒼的武德舞歌，用原題原曲，另製新辭，是樂府之摹擬入樂者。建安以後，摹擬之風大盛，如漢鼓吹曲朱鷺，魏改為楚之平，吳改為炎精缺，晉改為靈之祥，梁改為木紀榭，北齊改為水德榭，北周改為玄精季，把原題改了，而仍用原曲，另製新題新辭，這種樂府，仍是入樂的。又有以原曲失傳，只襲用其標題者。或在題目上加些「行」字、「曲」字、「吟」字之類，這些樂府都不能入樂，謂之新樂府。在唐是盛行的。但已名不副實了。白居易雖有新樂府之創立，主張歌辭要合樂，但以後的樂府，仍不合樂。一直到清朝，雖有人在仿作，但其內容，和古詩差不多，只是題目的不同而已。故所謂樂府，似當指漢樂府而言。

漢代樂府分類　漢樂府分類，各家意見紛歧。茲據郭茂樂府分類及近人主張，分漢樂府為：郊廟歌辭、燕射歌辭、舞曲辭、鼓吹曲辭、橫吹曲辭、相和歌辭、清商曲辭、雜曲歌辭八類。

一、郊廟歌辭　分郊與廟兩種，郊歌是祭天地神祇的歌如十九章。廟歌是祭祀祖先的，如房中祀樂十七章等。

二、燕射歌　分燕饗樂、大射樂、及食舉樂三種。燕饗樂即天子享宴。大射樂即大射辟雍，歌辭與篇目全佚。食舉樂分宗廟食舉、上陵食舉、殿中御飯食舉、太樂食舉四種。除上陵食舉及太樂食舉之遠期及有所思三章建於鐃歌外，其餘新作均佚。

三、舞曲　漢代舞曲，樂府詩集分雅舞雜舞兩種，古辭多亡佚。

四、鼓吹曲　漢代鼓吹曲，是北方輸入的外國樂，僅有短簫鐃歌用之於軍戎。原有廿二曲，後因務成、玄雲、黃爵、釣竿、四曲亡佚、稱十八曲，漢書不載，見宋書樂志。

五、橫吹曲　漢武帝時張騫傳自西域，李延年因胡樂更作新聲二十八解，魏晉以後，二十八解亡佚。僅存黃鵠等十曲，歌辭全佚。

六、相和歌　晉書樂志云：「凡樂章古辭之存者，並漢世街陌謳歌，江南可采蓮、烏生八九子、白頭吟之屬，其後漸被於絃管，即相和諸曲是也」。宋書樂志云：「相和漢舊曲也，絲竹更相和，執節者歌」。相和歌分：相和引、相和曲、吟歎曲、四絃曲四種。

七、清商曲　清商有平調曲、清調曲、瑟調曲三種，相和則無。又如楚調曲、側調曲、大曲、亦應列於清商。

八、雜曲　雜曲取材極廣，凡宴樂憂憤離別征戰行役無所不包。漢代雜曲存者計十五篇。1馬援的武溪深行。2傅毅的冉冉辜竹生。3張衡的同聲歌。4辛延年的羽林郎。5宋子侯的董嬌饒。6繁欽的定情詩。以及無名氏的：7蜨蝶行。8驅車上東門行。9傷歌行。10悲歌行。11前緩聲歌。12孔雀東南飛。13枯魚過河泣。14棗下何攢攢。15行胡從胡方等。

漢代樂府詩作者　漢樂府詩作者多不可考，年代亦難確定。唐山夫人作房中歌十七章。武帝文臣作郊祀歌十九章。武帝宣帝時，作鼓吹曲辭。而相和歌清商曲及雜曲則為民間歌謠。

魏晉南北朝樂府分類

一、郊廟歌　魏郊廟歌辭，完全失傳。晉郊廟歌辭，永嘉之亂，伶官樂器大都遺失，郊廟歌辭僅存傅玄二十八首，曹毗十一首，及王珣二首。南朝郊廟歌辭作者頗多，如顏延之謝莊王韶之等，均有製作。北魏郊廟歌辭失傳，北齊北周之郊廟歌辭，多半出於陸卭庾信之手。

二、燕射歌與舞曲　魏代的燕射歌不詳。晉的燕射歌辭，大半為傅玄等作。宋齊梁之燕射歌，均出於沈約等之手。陳代無新辭，北齊北周燕射歌，亦有庾信之作。魏晉舞曲，亦分雅舞與雜舞兩大類。

三、鼓吹曲與橫吹曲　魏晉南北朝的鼓吹曲與橫吹曲。均承兩漢而有變化。種類繁多，茲不備述。

四、清商曲　可分為吳聲歌、西曲歌、神弦歌、雅歌四類。為南方文學代表。

魏晉南北朝樂府詩作者　魏先有曹氏父子。後左延年作從軍行、秦女休行、樂府詩兩篇。嵇康、傅玄、陸機、謝尚等，為晉代表作者。宋之鮑照行路難十九首，能獨闢蹊徑。齊謝朓的玉階怨，王融的秋夜長，辭意均美。梁武帝之東非伯勞歌，元帝之折楊柳枝，情詞淒切。陳、江總之梅花落亦最有名。北魏胡太后的楊白花，極為哀艷。又有李波小妹歌，及敕勒歌，均有北方剛健之氣，堪稱佳作。

隋樂府分類

隋初因北周樂，太常雅樂並用胡聲，開皇初詔議正樂未決。九年平陳，獲宋齊舊樂，又修緝梁、陳舊樂。煬帝大業元年，詔修高廟樂，六年又徵集樂人子弟集之關中為坊置之，樂器因而增盛。隋末大亂，雅樂猶存。雅樂由隋代之修緝，賴以不墜。而胡樂亦未少衰。開皇初令置七部樂：1國伎，

2清商，3高麗伎，4天竺伎，5安國伎，6龜茲伎，7文康伎。又雜有疏勒、扶男、康國、百濟、突厥、新羅、倭國等伎。煬帝大業中，又定清樂、西涼、龜茲、天竺、康國、疏勒、安國、高麗、禮畢九部，除清樂禮畢為雅樂外其餘為胡樂。

隋樂府詩作者　隋代樂府歌辭如五夏，二舞，登歌，房中等十四調，大都為柳𧦬、虞世基、許善心等所造。文帝自作皇后房內歌一首。牛弘作愷樂歌辭三首。煬帝所作，今僅存泛龍舟一首餘均亡。

唐樂府分類

唐初樂府，承隋的九部樂，太宗時，增高昌樂，高宗又造讌樂，去禮畢樂，合為十部樂。1燕樂伎，2清樂伎，3西涼伎，4天竺伎，5高麗伎，6龜茲伎，7安國伎，8疏勒伎，9高昌伎，10康國伎。其後又分坐立兩部，立部者堂下立奏，坐部者堂上坐奏。立部為安樂、太平樂、破陣樂、慶善樂、大定樂、上元樂、聖壽樂、光聖樂、凡八部。坐部為讌樂、長壽樂、天授樂、鳥歌萬壽樂、龍池樂、破陣樂、凡六部。共十四種。這時期的樂府新辭曲，大概都能入樂。

唐樂府詩作者　唐代樂府詩作者甚多，以李白杜甫為傑出。如李白的遠別離，蜀道難、梁父吟、烏夜啼、烏棲曲、將進酒等，極綜橫變化之妙。而杜甫的兵車行，哀江頭、哀王孫、或哀悼、或諷刺，無非偉大人格的表現。又有高適岑參王昌齡，亦善樂府，歌詠邊塞與戰爭，調高語奇，氣魄雄偉，稱為邊塞詩人。及白居易出，創新樂府，如秦中吟，賣炭翁等篇，尤膾炙人口。唐以後樂府，多不合樂，流於摹擬剽竊，日就沒落，所以宋元明清樂府作家，不復縷述。

第四節　古　詩

古詩的界說　樂府是入樂的，在形式上是自由的。古詩是不入樂的。在形式上，雖不及樂府的自由，但是不像律詩那樣嚴格。樂府字數無定，古詩為五七言。樂府大半為民間歌謠，古詩則為文人作品。所謂古者，乃謂仿詩經古體之意。

古詩的起源　古詩為五言或七言。五七言詩，早已見於詩經。是詩經為古詩之遠源。五言詩篇起於何時，各家說法不一。梁鍾嶸詩品云：「逮漢李陵始著五言之目」。梁蕭統文選序云：「降將著河梁之篇」。梁劉勰文心雕龍云：「至成帝品錄三百餘篇，而辭人遺翰，莫見五言，是以李陵班婕妤見疑於後代也」。文選旁證云：「蘇李二子之留匈奴，皆在天漢初年，其相別，則在始元五年，是二子同居十八九年之久矣，安得云三載佳會乎」。清錢大昕十駕齋養心錄云：「觀漢書李陵傳，置酒起舞作歌，初非五言，則知河梁唱和，出於僞託」。總以上各家，皆以李陵與蘇武詩，為討論中心，除鍾嶸蕭統肯定的說五言詩起於李陵外，餘均以為李陵詩係後人僞託。按因物興感，詩人之情，文學作品，每因作者之環境身分不同，而異其風格。環境與作者，有不可分割之關係。李陵投降匈奴，原非得已。身雖在胡，而心在漢。只以武帝殺他老母，遂斷絕他的念頭。昭帝時，霍光雖派人招陵，陵以不能再辱拒之。他真是傷心已極。他在匈奴舞劍餞別蘇武，歌徑萬裡兮度沙幕七言詩一首，沈鬱悲壯，完全是寫實之作。正合乎李陵的環境身分口吻。若李陵與蘇武詩在匈奴作，李陵對眼前景物，怎能不有所傷感呢。及觀此詩，僅爲普通朋友惜別之語，不帶英雄口吻與朔方色彩。可知此五言詩，乃後人影射蘇李之事爲之，而託於李陵者。且此詩與古詩十九首之風格相同，可知其時代之距離不遠，同爲西漢人作品無疑。詩的發展，自有他的軌跡，詩經多爲四言，而四言字數少。不足以表情達意，必充暢其字數，以便於寫作，故鍾嶸說：「四言文繁意少，五言居文詞之要」。是五言詩的形成，乃詩的自然趨勢，五言詩的創作。未必始於李陵，乃是民間產物。漢書五行志有武帝時童謠：「邪徑敗良田，讒口亂善人，桂樹華不實，黃雀巢其顛，昔爲人所羨，今爲人所憐」。這完全是五言詩的形式，可爲五言詩的濫觴。其後作者日眾，遂蔚爲大觀。至於七言詩句，已見於詩經楚詞，秦以後，如高祖的大風歌。武蠶帝的秋風辭，雖不是純粹的七言，然已具七言詩的形式。至張衡的四愁詩，七言之體益著。至魏文帝的燕歌行，而七言詩體於以完成。

古詩的代表作家

一、古詩十九首作者　各家說法不一：「冉冉孤竹生」一首，劉勰文心雕龍說是東漢傅毅作。「去者日以疏」一首，鍾嶸詩品疑是建安中曹植或王粲所作。「今日良宴會」一首，唐虞世南北堂書鈔說是曹植所作。以上各說，近於揣測，無可徵信。「驅車上東門」一首，及「青青陵上柏」一首，唐李善文選注云：「驅車上東門，遊戲宛與洛，此則辭兼東都」。其說比較著實，然理由亦甚薄弱，安知非西漢人遊洛之作。「明月皎夜光」一首的促織，白露、秋蟬是在寫秋景，而又說玉衡指孟冬，似爲自相矛盾，但這是曆法上的問題，並非矛盾。秦曆建亥，夏曆建寅，漢仍秦曆，所謂孟冬十月，是夏曆的七月，正是秋天時節。武帝太初元年，才改用夏曆，由此可知，這首詩是作於太初以前。再看古詩十九首，雖非出一人之手，但風格相同，是一個時代的作品。從高祖到武帝太初元年，將近百年，時間也不算短，在文學上，可能有特殊的發展，古詩十九首，是此間的成熟作品。況古詩十九首最初爲蕭統所選錄，當時作品必不僅爲此數，故知古詩十九首，是西漢作品，可能也有東漢作品在內。

二、東漢作家

1 班固　字孟堅，扶風安陵人。明帝時典校秘書，續父著漢書，積思二十餘年，至章帝建初中始成。後遷玄武司馬，竇憲征匈奴，以固爲中護軍，行中郎將事，憲敗，固死獄中。有詠史詩，述文帝時緹縈故事。鍾嶸說這詩質木無文。

2 傅毅　字武仲，扶風茂陵人。章帝以爲蘭臺令史，拜郎中，與班固賈逵共典校書，及竇憲爲大將軍，復以爲司馬，早卒。有詩賦二十八篇。古詩十九首，冉冉孤竹生，劉勰謂傅毅作。

3 張衡　字平子，南陽西鄂人。作二京賦，十年乃成。安帝徵拜郎中，再遷太史令。順帝永和初，出爲河間相，徵拜尚書卒。所著以賦爲多。五言詩的同聲歌，七言詩的四愁詩，均爲有名。

4 秦嘉夫婦　秦嘉字士會，隴西人，爲上郡掾，妻徐淑病不能隨，作詩以別，別後時相贈答，詩爲世所稱。

5 蔡邕　字伯喈，陳留圉人，漢末文學大家，爲司徒王允所殺。所著詩賦碑銘凡百四篇。五言詩有飲馬長城窟一篇，文選不題作者姓名。翠鳥詩膾炙人口。

6 蔡琰　字文姬，蔡邕女，適衞仲道，早寡。董卓之亂沒入胡，歸南匈奴左賢王，生二子，後曹操以邕無子，憐而贖之，再嫁董祀，有長篇悲憤詩一首，敘離亂之苦，淒楚動人。又有胡笳十八拍，有疑爲後人僞託者。

7 曹氏父子及建安七子

▲曹操　字孟德，沛國譙人。爲漢末軍事政治文學家，他的詩，大氣磅礴，蒼勁豪邁，如短歌行，苦寒行，卻東西門行，皆爲代表作品。

▲曹丕　字子桓，曹操子，詩文不及乃父之雄偉，而有和美之致。七言詩到他才算成熟。燕歌行可爲代表作品。

▲曹植　字子健。以才爲兄丕所忌，不得志。在文學上有特殊成就。爲建安文壇領袖。鍾嶸評他的詩「骨氣奇高，辭采並茂，情兼雅怨，體被文質」，七哀詩可爲代表作品。

▲孔融　字文舉，魯國人。獻帝時爲北海相，尋拜大中大夫，後爲曹操所殺。詩存八

首，雜詩二首，一寫懷抱，二哭殤子，極爲動人。

▲陳琳　字孔璋，廣陵人。初爲何進主簿，後歸袁紹，紹敗歸曹操，爲記室。有陳記室集輯本一卷。其中詩四首，飲馬長城窟，寫離亂之苦，極爲佳妙。

▲阮瑀　字元瑜，陳留人。曹操以爲司空軍謀祭酒管記室。有阮元瑜集輯本一卷，詩十二首。以七哀與駕出郭門行爲最佳。

▲王粲　字仲宣，山陽高平人。仕魏累官侍中。有異才，精筭術，擅詩賦，有王侍郎集輯本一卷，詩二十六首。五言詩如七哀詩，從軍詩，描寫喪亂，多悽愴之詞。

▲徐幹　字偉長，北海人。仕魏。官司空軍謀祭酒掾屬，五官將文學。長於辭賦詩歌今存九首，室思六首，爲男女戀歌，極纏綿之致。

▲應瑒　字德璉，汝南人。曹操辟爲丞相掾屬，後爲五官將文學。有應德璉集輯本一卷。詩今存九首。侍五官中郎將建章臺集詩，多傷感之詞。

▲劉楨　字公幹，東平人，曹操辟爲丞相掾屬。有劉公幹集一卷。詩存十五首。曹丕稱其五言詩妙絕當時。鍾嶸說：「楨詩其源出於古詩仗氣愛奇，動多振絕，貞骨凌霜，高風跨俗，但文過其氣，雕潤恨少，然自陳思以下，楨稱獨步」推崇可謂備至。

三、魏晉作家

魏以篡弒得國，違棄禮義，影響人心，連年攻伐民不聊生。士人厭棄政治，以圖苟全。乃縱情於詩酒，寄跡於山林。競尚玄談，趨向游仙，浪漫思潮因而興起，建安詩風為之丕變。明帝雅好文學，竭力唱導，至廢帝正始。而詩歌大盛，最著者爲竹林七賢。阮籍，嵇康，山濤、向秀，劉伶，阮咸，王戎。其中，以阮籍嵇康劉伶爲代表。晉武帝篡魏自立，滅蜀併吳，統一天下。惠帝以後，內憂外患紛至沓來，賈後禍國。八王倡亂，五胡亂華，懷愍蒙塵，在此不安的社會中。一般詩人，仍繼續正始的浪漫思潮，醉心老莊，逃避現實，詩的詞藻，則漸趨於流韻綺靡。武帝太康詩人，以三張二陸兩潘一左爲最有名。永嘉以後，詩人更流於放誕，老莊思想參入佛理，已失去老莊的本來面目。這時候的詩人，以劉琨郭璞爲傑出。其大放異彩者，則爲晉末之陶潛。

1 正始詩人

▲阮籍　字嗣宗，陳留尉氏人，爲阮瑀之子，博覽羣籍，學宗老莊，不拘禮節，不問世事，酣飲爲樂。官至步兵校尉。有阮步兵集十卷傳世。詩存詠懷詩八十二首。李善文選注云：「嗣宗身仕亂朝，常恐罹謗遇禍，因茲登詠，故每有憂生之嗟，雖志在刺譏，而文多隱避，百代之下，難以情測，故粗明大意，略其幽志可也」。李氏可謂善讀阮詩者。

▲嵇康　字叔夜。康家本姓奚，會稽人，先自會稽遷于譙郡銍縣，改爲嵇氏。有不羈之才，博學多聞，尤好老莊，嗜酒彈琴，曠達自適，有嵇中散集十卷傳世。詩今存五十九

首。四言詩，以幽憤詩為人所稱道。

▲劉伶　字伯倫，沛國人，家貧好飲酒，作品無多，僅傳酒德頌一篇。五言詩有北芒客舍詩一首。

▲七賢之中除阮籍嵇康劉伶外，其餘四人，均無詩流傳。山濤字巨源，河內，懷州人。雅好老莊，有文集十卷行世。向秀字子期，河內，懷州人，有文集二卷行世。阮咸字仲容，阮籍兄子，妙解音樂。王戎字濬沖，瑯琊臨沂人。性至孝，不拘禮制。父渾有令名，官至涼州刺史。死時致賻數百萬，戎悉不受

2 太康詩人

▲張華　字茂先，范陽方城人。好讀書，爲阮籍所賞識。作鷦鷯賦，阮籍歎爲奇才。武帝時拜中書令，惠帝即位拜太子少傅，進右光祿大夫，爲趙王倫所殺。著有博物誌十篇，及張司空集三卷傳世，詩今存三十二首。

▲張載　字孟陽，安平人，性閒雅，博學有文章，累官中書侍郎卒。長於五言詩有張孟陽集一卷傳世。

▲張協　字景陽，秀才俊逸，與兄載弟亢名重當時，官至河間內史。有張景陽集　一卷傳世。長於五言詩。今存雜詩十首，詠史一首，遊仙詩半首。

▲陸機　字士衡，吳郡人。陸遜之孫，抗之子。才高辭贍，舉體華美。累遷太子洗馬，

著作郎，後事成都王穎，表爲平原內史，後被害。有陸士衡集十卷傳世。詩存一百零四首。

▲陸雲　字士龍，與兄機齊名，爲浚儀令，成都王穎表爲清河內史。轉大將軍右司馬，後被害。有陸士龍集十卷傳世。詩共存二十四篇。

▲潘岳　字安仁，滎陽中牟人。美姿容，有異才，累遷給事黃門侍郎，後被誅。詩文詞藻絕麗，詩存十八首。

▲潘尼　字正叔，岳從子，與岳齊名，舉秀才，爲太常博士，惠帝元康中爲宛令，八王之亂平，封安昌公，累遷太常卿。有潘太常集十卷傳世。詩今存二十四首。

▲左思　字太衝，臨淄人。貌寢口訥、能文，兼善陰陽之術。一年成齊都賦，十年成三都賦，及賦成，張華陸機皆甚歎服，時人競相傳寫，洛陽爲之紙貴。有文集二卷傳世。詩今存十四首。

3 東晉詩人

▲劉琨　字越石，中山魏昌人。漢中山靖王勝之後。氣概豪邁，有武功，懷帝永嘉四年，拜平北大將軍，後王敦殺琨，年四十八。有劉司空集一卷行世。詩悲壯遒勁，今存者僅三首。答盧諶爲四言詩。重贈盧諶抉風歌爲五言詩。

▲郭璞　字景純，河東聞喜人，博學而訥於言，擅長詞賦，善天文卜筮，元帝時，爲著作郎，有郭弘農集二卷行世。璞詩今存二十二首。

▲陶潛 一名淵明，字元亮，潯陽柴桑人。陶侃曾孫。安帝義熙元年爲彭澤令，三年罷歸。高尚其志，飲酒賦詩，世號靖節先生。淵明爲田園詩人，他的詩，曠達中有感慨，他的退隱，不是棄世，而是憤世嫉俗。宋文帝元嘉中卒，年六十三歲。有淵明集十卷傳世詩共六卷。

四、南北朝作家

劉裕篡晉，建立帝業，骨肉殘殺，政治黑暗，社會混亂。文帝在位較久，國家承平，史稱元嘉之治。此時占詩的作風，又有一變。老莊之風漸泯，而山水之作方盛。於是在體物寫情方面，用力於字句的鍛鍊。文心雕龍詩篇云：「宋初文詠，體有因革，老莊告退，山水方滋。儷採百字之偶，爭價一句之奇。情必極貌以寫物，辭必窮力而追新」。這是說，宋詩的形式與取材，和魏晉都不相同。宋而後，齊詩仍多吟咏山水，而在文字上，又添了韻律的限制。齊書陸厥傳云：「汝南周顒善識聲韻，約等爲文，皆用宮商，以平上去入爲四聲，以此制韻不可增減。世呼爲永明體」。詩到齊東縛越緊，詩人不得自由，沈約的四聲八病，更爲嚴密，他說：「若前有浮聲，則後須切響，一簡之內，音韻盡殊，兩句之中，輕重悉異」。聲韻成了詩的必備條件。而詩的精神，日漸喪失。到了梁陳，詩人吟詠偏重於女人，山水不爲他們所喜好，宮體詩應運而生，詩遂更趨於輕浮綺靡。與南朝對峙的是北魏，東魏，西魏、北齊、北周、史稱爲北朝。

這些朝代的文學，都沒有大的發展。似遠遜於南朝，然有些作品，無綺靡之習，仍存古樸之風，也是很可貴的。

1 南朝詩人

▲顏延之　字延年。瑯琊人。性疎誕，不能取容當世，屢觸權貴。文帝時，爲永嘉太守。後爲秘書監光祿勳太常。有顏光祿集三十卷傳世。詩與謝靈運齊名，時稱顏謝。多吟詠山水，惟匠氣太深，爲世所詬病。

▲謝靈運　陳郡夏陽人。謝玄之孫。襲封康樂公。宋降公爵爲侯。曾爲永嘉太守，臨川內史。恣意山水，縱情傲物，終爲人所構陷，棄市，時元嘉十年，年四十九。詩文甚豐，有文集十九卷，詩集五十卷，連珠集五卷，新撰樂府十一卷。廻文詩集一卷。行世。謝詩天拔出於自然。鍾嶸詩品序云：「謝客爲元嘉之雄」。良非虛語。

▲鮑照　字明遠，東海人，文辭遒麗，以賦見稱，詩尤傑出。與顏延之謝靈運，稱爲元嘉三大家。爲臨海王子項前軍參事，有鮑參軍集十卷行世。

▲蕭子良　字雲英，齊武帝第二子，封竟陵郡王，好學下士，文人多歸之。與范雲、沈約、任昉、謝朓、王融、陸倕、蕭琛、蕭衍、號爲竟陵八友。有竟陵王集二卷傳世。

▲沈約　字休文，吳興吳康人，幼失怙，聰慧好學長於詩文，歷仕宋齊累官司徒左長史，武帝受禪，爲尚書僕射，遷尚書令，卒諡隱。其影響於詩歌者，則爲四聲八病之說，

推衍擴展，以至於律詩的成立。

▲范雲　字彥龍，南鄉舞陰人。八歲賦詩，人皆驚歎。仕齊歷除尚書殿中郎，入梁為吏部尚書，封霄城縣侯，卒諡文，有文集三十卷傳世。詩亦雋永有味。

▲任昉　字彥昇，樂安博昌人。幼神悟，八歲能屬文，後仕齊，為太學博士，武帝時，為義興新安太守。卒諡敬。有任中丞集三十四卷，及文章緣起一卷傳世。

▲謝朓　字玄暉，陳郡夏陽人。少好學，仕齊，明帝時，出為宣城太守，後以罪誅。有謝宣城集五卷傳世。朓長五言詩清新雋逸，沈約蕭衍等皆重之，沈約嘗云，「三百年來無此作也」。唐人李白詩云：「一生低首謝宣城」其景仰之情，可以概見。

▲王融　字元長，瑯琊臨沂人。舉秀才，累官中書郎，擅詩文，甚著聲名，與竟陵王有莫逆之交。後鬱林王立被殺。年二十七。有王寧朔集十卷傳世。詩甚清婉可愛。

▲陸倕　字佐公，吳郡人。仕齊，與任昉為摯友，仕梁。文章冠當時。仕至太常卿卒。有文集二十卷傳世，惜多散佚。詩亦無存。

▲蕭琛　字彥瑜，南蘭陵人。仕齊梁，武帝天監中，累遷平西長史，江夏太守，特進金紫光祿大夫，卒諡平。琛少壯時，好音律，好酒，好書，年長只好書籍，其餘都廢，著作多亡佚。

▲蕭衍　字叔達，南蘭陵中都里人。為齊高帝族弟，中興二年受齊禪，改元天監，有

文武才，晚年迷信佛法，侯景亂作，憂憤死。有梁武集傳世。詩與樂府亦所擅長。

▲蕭統　字德施，衍長子，性孝友，好文學，文士多歸之。年三十一。以疾終。諡白昭明。有昭明太子文集六卷及文選行世。

▲蕭綱　字世讚，衍第三子，爲昭明太子母弟。六歲能文，武帝崩立爲簡文帝，好作艷詩，號爲宮體，造成淫靡之風。有梁簡文集二卷傳世。

▲蕭繹　字世誠，衍第七子，討平侯景是爲元帝。有梁元帝集二卷傳世

▲蕭綸　字世調，爲衍第六子。蕭紀字世詢，衍八子。都長於艷詩，均有文集行世。

▲庾肩吾　字子愼，南陽新野人，仕梁，簡文帝時，爲度支尚書與徐摛同爲簡文帝所優禮。肩吾爲詩拘於聲韻，貴綺豔，世號爲徐庾體。集輯本一卷行世。

▲徐摛　字士秀，東海郯人，仕梁。累官太子左衞率，摛爲詩多變化不拘舊體。所作多散佚。

▲徐陵　字孝穆，東海郯人，爲徐摛之子，初仕梁爲通直散騎常侍，武帝太清二年使魏，爲魏所留，後歸梁，又仕陳，加散騎常侍。陵詩變舊體，多新意，與庾信齊名。有徐孝穆集六卷。及玉台新詠十卷傳世。

▲江總　字總持，濟陽考城人。先仕梁，歷太子中舍人。後仕陳，爲太子詹事，後主擢爲僕射尚書令。入隋復拜上開府，卒於江都。世稱江令。詩尚浮豔，爲後主所幸愛。有

江令君集輯本二卷傳世。

▲陳後主　名叔寶，字元秀，吳興長城人。陳宣帝頊之長子，荒於酒色，。不恤政事。詩尚綺艷，有陳後主集輯本一卷傳世。

2 北朝詩人

▲崔浩　字伯淵，清河人。仕魏，官博士祭酒，後遷司徒。詔總理史務。作國書三十卷，立石以彰直筆，爲武帝所殺，長於詩。

▲溫子昇　字鵬舉，濟除冤句人，有文名，仕後魏，歷官散騎常侍，中軍大將軍。有溫侍讀集輯本一卷傳世。

▲魏收　字伯起，鉅鹿，下曲陽人。仕魏，除太學博士，任齊除中書令，兼著作郎以文名，詩亦自具風格。有魏特進集輯本一卷傳世。餘多散佚。

▲顏之推　字介，琅邪臨沂人，梁元帝時，除散騎侍郎。後奔齊，文宣帝即除奉朝請，歷遷中書舍人，有顏氏家訓二十篇行世，餘多散佚。

▲庾信　字子山，梁庾肩吾之子，早年隨父仕梁，爲右衞將軍，封武康縣侯。後仕北周，官驃騎大將軍，開府儀同三司，久思南返不得，作哀江南賦以寄意。詩艷而不妖，頗有風骨，與宮體詩不同。擬懷二十七首，寄懷高遠爲在周懷鄉之作。有庾子山集十六卷傳世。

▲王褒　字子淵，或作子深，琅邪臨沂人。初仕梁，元帝時，召拜禮部尚書，左僕射，後被俘於周，官車騎大將軍，開府儀同三司。褒仕北朝，詩風丕變，一洗綺豔之習，而爲沈鬱之音。有王司空集輯本一卷傳世。

五、隋代作家

隋在文帝開皇年間，文尚淳樸，反對淫巧。及煬帝即位，又襲南朝綺靡之習，開皇詩風又爲之一變。

1 李德林　字公輔，博陵，安平人，北齊天保中舉秀才，累官通直散騎侍郎。周武帝克齊，授內史上士。有文集六十卷，均散佚。

2 盧思道　字子行，范陽人，仕齊爲散騎常侍，直中書省。周武帝平齊，授儀同三司。隋初復爲散騎侍郎卒。有盧武陽集輯本一卷行世。

3 薛道衡　字玄卿，河東汾陰人，齊武帝除尚書左外兵郎。齊亡仕周至邛州刺史，隋文帝受禪，除內史舍人。擅詩文，與盧思道，李德林齊名。有薛司隸集輯本一卷傳世。

4 楊廣　文帝堅第二子，卽位爲煬帝，好歌辭，喜爲淫靡語。有隋煬帝集輯本二卷傳世。

六、唐代作家

唐代古詩，上承齊梁遺風，日趨綺靡，如王勃、楊炯、盧照鄰、駱賓王、四大作家的五古，漸近於五律，而沈佺期宋之問，更推波逐瀾，發揚齊梁體，以完成律詩的體制。陳子昂慨於詩風日下，乃作復古運動，反對齊梁，唐書本傳稱：「唐興文章承徐庾餘風，天下祖尚，子昂始變雅正」。子昂作詩，取法建安正始，而遺棄齊梁，創爲高雅沖淡之音。一掃六朝纖弱之氣。復古詩人，以陳子昂、張九齡、爲代表。此外如李白、杜甫，皆擅長古詩，而高適、岑參、李頎、王昌齡，之邊塞詩，文筆遒勁，氣象宏闊，音節悲涼，實爲一代之傑。各家略歷，詳本章第五節近體詩中。

七、宋代作家

北宋初期古詩，多效晚唐五代，風格萎靡不振。至仁宗朝，歐陽修王安石等，力矯晚唐頹風，專以氣格爲主，是爲宋詩的正宗。此外如蘇軾、黃庭堅、陳師道、等皆擅長古詩，而陸務觀又爲南宋第一家。各家略歷，詳本章第五節近體詩中。

八、元明清作家

元代不以詩名。古詩作家，惟有金遺老元好問五言詩高古沈鬱，七言樂府不用古題，特出新意。亦有元一代之傑出者。明代的古詩，雖較盛於元，而遠不逮宋。清古詩之成就，則在元明之上，然亦不脫晚唐宋窠臼，並無新的發展。茲不復備述。

第五節　近　體　詩

近體的界說　近體詩別於古體詩，是指律詩而言。古詩雖亦有韻，但句數，及每句字數，都可變勁。

平仄對偶亦沒有限制，而律絕則否，律詩要調平仄，講對仗，句數字數都有鐵的規定，完全是規律化，不能通融的。故名之律詩。

近體詩的起源　詩的對偶和聲韻，古人亦甚注意，在本章第二節，曾提到詩經的用韻，但那時的聲韻是自然的，自由的。不是規律的。到了魏晉，聲韻學漸興，魏李登撰聲類十卷。晉張諒撰四聲韻略二十八卷。到了梁沈約撰四聲譜用之於詩文，當時王融、劉繪、范雲、響應之。於是聲韻之道大行。由此可知四聲實起於魏晉，只因沈約以四聲用之於詩文。大家才認爲四聲是沈約發明的，數典忘祖，實非確論。當時聲韻盛行，勢不可遏，雖有鍾嶸等起而反對，但仍未阻其發展。陰鑑、何遜、徐陵部做過類似五言律的古詩。而齊，謝朓的贈王主簿。已有五律的初型。至唐上官儀創六對八對之說。影響所及，以王勃、楊炯、盧照鄰、駱賓王之成就較大。王世貞的藝苑卮言，稱四傑的五言爲律詩的正始。這時期的五言律詩，是接近成熟的階段，但尚未有一定之格式。到沈佺期，宋之問五言律詩的格式，才有確定。新唐書，宋之問傳：「漢建安後迄江左，詩律屢礎，至沈約庾信，以音韻相婉附，屬對精密。及宋之問，沈佺期，又加靡麗，回忌聲病，約句準篇，如錦繡成文，學者宗之，號曰沈宋」。所謂回忌聲病約句準篇，便是調平仄，規定句數字數的意思。七言律詩及絕句，亦於此時成立。法度嚴明，莫或逾越。宋嚴羽滄浪詩話云：「風雅頌一變而爲兩漢五言，三變而爲沈宋律詩」。是律絕之形成，受音韻之影響，至沈宋而完成。

近體詩的體制　近體詩、有排律、律詩，絕句三種。所謂排律，即以排句作詩。排律格調似律詩，但聲韻無律詩之嚴。句數亦不限於八句。而律詩的對偶聲韻字數句數。都有嚴格的規定，作者必須遵守。有五言七言之別，都以八句爲一首，每兩句爲一韻，首句也有時叶韻：中四句是兩對聯，也有全部都對的。組句是四句，也有五七言之異。是截取律詩的一半。如一二兩句散，三四兩句對者，是截取律的前四句。如通首至對者，是截取律詩的中四句。如一二兩對句，三四兩句散者，是截取律詩的後四句。如四句全不對者，則是截取律詩的首兩句與末兩句。這是元，范德機的說法。但明，王夫之則認爲五言絕句，是從五言古詩來，七言絕句自歌行來，均產生在律詩之前，不過唐以前的絕句平仄，不如唐之規律化而已。蓋范說係就律詩之平仄而言，一首律詩，按照平仄之組合，以四句爲一組，可以折成前、中、後、首尾，四組，也就是絕句的四種組合。每組的平仄亦甚叶和。范說亦不爲無據。王說係就詩的句數字數而言。古詩樂府有四句者，每句有五言七言者，不過平仄不嚴格。絕句亦爲四句，每句亦有五言七言，而平仄謹嚴。二說各有所持，未可厚非，折衷而論之，絕句之句數字數是源於古詩樂府。而其平仄則取法於律詩。

近體詩唐宋的不同　詩法源流云：「唐人以詩爲詩，宋人以文爲詩，唐詩主於達情，宋詩主於議論」。這是說明唐宋詩的不同。唐詩典麗蘊藉，耐人尋味；宋詩意義明快，樸素直截。文藝作品。每因時代的不同，而異其風格。宋代的詩，因受散文運動，與理學的影響，所以不貴典麗，而尙淺顯。不講愛情，而重議論。南宋嚴羽滄浪詩話云：「唐人與本朝詩，不論工拙。直是氣像不同」。因爲時代不同，詩的氣像也異。這是顯然的。

近體詩代表作家　唐代的分期，明，高棅分爲初、盛、中、晚、四期，自高祖到睿宗約九十四爲初唐。從睿宗到代宗約五十二年爲盛唐。從代宗到武宗約八十年爲中唐。從宣宗到昭宗約六十年爲晚唐。茲據以說明唐詩的發展。

一、初唐作家

初唐的詩，以王勃、楊炯、盧照隣、駱賓王、爲傑出。四傑詩，雖仍不免有陳隋遺風然骨氣意象已爲陳隋所不及。

1上官儀　字遊韶，陝州人。太宗貞觀初進士。高宗麟德三年，被殺。儀工詩、語多綺媚。創對偶說，對後來詩的影響很大。

2王勃　字子安，絳州龍門人。爲隋王通之孫，授朝散郎。幼有文名，高宗上元二年勃往交趾省父。渡南海，墮水而死，時年二十八。有王子安集十六卷，傳世。

3楊炯　華陰人，十一舉神童。武后初出爲梓州司法參軍，遷盈川令，卒於官。炯詩好用古人名字作對。時人譏爲鬼簿。有盈川集十卷傳世。

4盧照隣　字昇之，幽州范陽人，善屬文，初授鄧王府，典籤，後拜新都尉，以染風疾去官，號幽憂子，後沈潁水死，年四十。有盧昇之集七卷，幽憂子三卷傳世。

5駱賓王　婺州義烏人，少善屬文，尤工五言詩。高宗末，爲長安主簿，後棄官及徐敬業起兵揚州討武后，駱作討武氏檄文，敬業敗，不知所終。詩好以數字對，時人譏爲算博士，有駱賓王集十卷傳世。

6崔融　字成安，齊州人。擢八科高第，中宗爲太子時，遷侍讀，坐附張易之兄弟，貶袁州刺史，詩文冠當時，他曾創切側對，雙聲側對，疊額側對。於對偶說頗有發明。

7沈佺期　字雲卿，相州內黃人。及進士第，武后神龍中授起居郎加修文館直學士。張易之敗，遂長流驩州。中宗朝，歷中書舍人，太子詹事。玄宗開元初卒。有沈佺期集十卷傳世。

8宋之問　字延清，虢州弘農人。諂事武后，媚附張易之武三思，武后景龍中，再轉考功員外郎。睿宗立，以之間陰險，殺之。有宋之問十卷傳世。

9陳子昂　字伯玉，梓州射洪人，擢進士第。武后時拜麟臺正字。再轉右拾遺，工詩，尚雅正，力排齊梁作風，影響力甚大。

二、盛唐作家詩

近體詩，由初唐發展到盛唐，已登峰造極。明林鴻說：「貞觀尚習故陋，神龍漸變常調，開元天寶間，聲律大備，學者當以是爲格式」。盛唐詩人，以王維李白杜甫爲代表。自然派的王維，善寫山水，措思沖曠，獨具神韻。浪漫派的李白，詩不拘聲律，以氣勢爲主，擅長絕句，律持較少。寫寶派的杜甫，詩尚樸質委婉，而有沈鬱之氣。

1孟浩然　襄陽人。風決瀟灑，尚義俠。隱鹿門山，灌園自適。善五言詩，終身不仕。玄宗開元二十八年病疽死。年五十二歲。有孟浩然集四卷傳世。其詩平逸悠遠，多高雅之致。

2王維　字摩詰，太原祁人。九歲能文，事母崔氏以孝聞。及長，工草隸音樂繪畫。玄宗開元九年進士，擢監察御史，安祿山之亂，玄宗西狩。維不及從，被俘。賊平繫獄。弟王縉贖之。後三遷尙書右丞，肅宗乾元二年七月，卒年六十一。有王右丞集十卷傳世。其詩詞意雅秀，澄澈精緻。明高棅唐詩品彙云：「五七絕以王維爲正宗」。

3李白　字太白，又號青蓮居士，李白集魏顥序稱「白本隴西，因家於緜，身既生蜀」據此。則白爲蜀人，原籍隴西。白有奇才，好劍術，漫遊南北，玄宗召見，醉賦清平調三章，又曾醉使高力士脫韡，由此遂疏。懇請還山，恣情山水間。肅宗應寶元年，以飲酒死於當塗。年六十一。有太白集三十卷傳世。白重視自然，富有道家意識。詩尙清眞，反對雕琢，長於古詩，絕句亦佳。

4張九齡　字子壽，韶州曲江人，武后景龍初擢進士。玄宗開元中，徵拜同平章事，中書令，爲李林甫所忌，貶荊州長史，有曲江集二十卷行世。柳宗元評其詩，麗則清越，言暢意美

5王昌齡　字少伯。江寧人。玄宗開元十五年進士，遷江寧丞，貶龍標尉。世亂還鄉，刺史閭丘曉忌殺之。有王昌齡詩集五卷傳世。詠戰爭及邊塞詩亦多。

6杜甫　字子美，又號少陵野老，杜陵野客，杜陵布衣，本襄陽人，後徙河南鞏縣。爲唐初杜審言之孫。貧而好學，十四五以文章名。性嗜酒，疾惡如仇，玄宗天寶初，考進士不第。漫遊燕趙齊魯梁宋各地。肅宗上元二年冬，鄭嚴武表薦爲節度參謀檢核工部員外郎。安

史之亂，甫飽經憂患，年老狂放，爲人所忌，終生不得志，代宗永泰二年。客耒陽醉死，年五十九。有文集六十卷行世。子美重視現實，詩多描寫離亂之苦，爲寫實作家。

7李頎　東川人，家潁陽，玄宗開元十三年進士。調新鄉縣尉。有詩集一卷傳世。頎爲道家，詩富玄理，亦有邊塞戰爭之作。明代，嘉靖隆慶間諸子，及清王闓運多宗之。

8高適　字達夫，滄州人。玄宗時舉有道科，肅宗時，擢諫議大夫，家貧，客梁宋，安祿山反。玄宗西幸，間道赴行在，累有擢遷。代宗時，以功封渤海縣侯。適天資卓越，年五十始爲詩，卽工。今存高常侍集八卷行世。詩多詠邊塞與戰爭之作。蒼涼悲壯，俠骨嶙峋，稱爲邊塞詩人。

9岑參　南陽人，少孤貧，好學。玄宗天寶三年進士，有器識，善議論，累官殿中侍御史。代宗時，爲嘉州刺史。後客於蜀，終其身。有岑嘉州集傳世。參累佐戎幕，故詩多戰爭與邊塞之作。格調極高，語亦奇峻，與高適並稱爲高岑。

10常建　長安人，玄宗開元進士。往來太白紫閣諸峯，代宗大曆中，終盱眙尉。建詩格老味遠。詞意警策，人多稱之。

11賀知章　字季眞，會稽永興人，少以文詞知名舉進士。玄宗開元初，遷禮部侍郎。加集賢院學士。與包融、張若虛、張旭，稱吳中四傑。天寶初致仕。晚年益放狂，自號四明狂客。工五七言絕句。卒年八十六。有賀知章集一卷行世。

12元結　字次山，河南人，玄宗天寶進士。肅宗時，攝監察御史。安史之亂，獨全十五城。後拜道州刺史，民愛戴之。詩尚風雅，反對聲律，心存君國，詞氣縱橫，為一代大家。

13韋應物　京兆長安人。少以三衞侍郎事玄宗。德宗貞元中，遷至太僕少卿兼御史中丞，罷居蘇州，年九十餘卒，性高潔，其詩閒淡簡遠，有韋蘇州集十卷傳世。

14錢起　代宗大曆詩人，以十才子為著。錢起、韓翃、盧綸、司空曙、李端、吉中孚、苗發、崔峒、耿偉、夏侯審，稱十才子。四庫提要，稱十才子詩，「溫秀蘊藉，不失風人之旨」。十才子均精律絕。以錢起為首。錢起吳興人，天寶十年進士。大曆中，官尚書考功郎中。詩格新奇，理致清瞻，與郎士元齊名。

三、中唐作家

詩到中唐，有怪澀派的韓愈孟郊，以雄奇瑰怪振律詩之靡。又有白居易，元稹，主張辭質而徑的通俗化。

1韓愈　字退之，昌黎人。幼孤好學，長舉進士。正直敢言，屢遭遷斥，歷刑部侍郎，兵部侍郎，吏部侍郎，穆宗長慶四年十二月卒。年五十七。贈禮部尚書、諡曰文。有韓昌黎集四十卷，外集十卷，遺文一卷傳世。退之為文，陳言務去，詩亦如其文，反對綺麗剽竊，必出於己，不襲前人語，故以雄奇瑰怪著稱。

2孟郊　字東野，湖州武康人。家貧不能自給，年五十，登德宗貞元進士第，署水陸轉運判官，年六十四卒。有孟東野集十卷傳世。孟詩清奇僻苦。韓愈謂唐有天下，詩人中，陳子昂李杜外，即推東野。

3賈島　字浪仙，范陽人。舉進士，終於長江主簿，年五十六。有長江集十卷傳世。島寫貧窮愁苦，筆鋒冷僻。又以出身浮屠，亦富禪機，刻畫自然，頗能入微。

4李賀　字長吉，洛陽昌谷人。七歲能詩，韓愈，皇甫湜親試之，大為驚奇。自是名大噪，恆從小奚奴，跨驢，背錦囊，有所得。投囊中，歸足成之。以父名晉肅，不肯舉進士。憲宗朝為協律郎。時人妬其才，排斥之。年二十七卒，有歌詩四卷，傳於世。賀詩綿聯明潔，幽冷深刻，杜牧極贊賞之。

5元稹　字微之，河南河內人。少孤貧。母鄭氏授之書，九歲能詩，憲宗元和初，對策舉制科第一，年二十八。歷監察御史，正直敢言，屢遭遷斥，穆宗時，擢升為同中書門下平章事，以與裴度不合，罷相。文宗時，任鄂州刺史，死於鄂，年五十三。有元氏長慶集六十卷傳世。元詩以受陳子昂、杜甫、白居易的影響，力求通俗化，多含諷刺之旨。

6白居易　字樂天，太原人，一說下邽人。五歲學詩，德宗貞元中擢進士，年二十七，累遭遣斥，文宗開成元年，進封馮翊縣開國侯。武宗會昌六年卒於東都。年七十五。有白氏長慶集七十一卷傳世。居易與元稹齊名，時稱元白。白為詩主張通俗化，要使老嫗能解，社會詩的成就。較元稹為尤大。

7張籍　字文昌，和州烏江人，德宗貞元十五年進士。韓愈薦爲國子博士，籍宗儒排佛，詩歌很少怪澀，與元白詩酒唱和，五七言詩，氣勢雄厚。韓愈稱其詩云：「韻文百斛珠，筆力可扛鼎」。有張司業集八卷傳世。

8姚合　憲宗元和進士，調武功主簿，世稱姚武功。累官陝虢觀察史，文宗開成末，終秘書監。合工五言詩，多清奇雅正。

9柳宗元　字子厚，河東人。年十九第進士，德宗貞元十九年，爲監察御史，坐王叔文黨，貶永州司馬。憲宗元和十年，徙柳州刺史，士多歸之，號柳柳州。元和十四年卒。年四十七。有唐柳先生集四十八卷傳世。宗元恣情山水，借詩以洩鬱憤。故溫麗中，含有蒼涼之情。

四、晚唐作家

晚唐的詩，李商隱溫庭筠杜牧，一反中唐的艱澀與平易，而易以香艷細膩，調香奩派。

1杜牧　字牧之，京兆萬年人。杜佑之孫。文宗太和二年進士，歷遷中書舍人，卒年五十。有樊川集二十卷傳世。牧詩宗李杜韓柳，菲薄元白。牧有經世之略，以志不得展，沈於酒色。故其詩有豪邁豔纖兩類。律詩以七言爲最佳。

2許渾　字用晦，潤州丹陽人。文宗太和進士。累官監察御史，有丁卯集二卷傳世。渾詩工於對偶。長於七律，韋莊讀渾詩云：「江南才子許渾詩，字字清新句句奇」。其推重如此。

3李商隱　字義山，又號玉溪生。河內懷州人，文宗開成二年進士，累掌書記判官等職。

客滎陽卒，有李義山詩集六卷，及文集五卷傳世。李詩精密華麗，多詠愛情之作。

4溫庭筠　本名岐，字飛卿，太原人，工詩文，好爲側豔之詞，浪漫不檢，舉進士不第。文思神速，能八叉手成八韻，名溫八叉，一生不得志，流落而死。有溫飛卿詩集七卷，別集一卷傳世。庭筠與商隱齊名，詩綺靡無風骨。

5司空圖　字表聖，河中虞鄉人。懿宗咸通末第進士，昭宗時，拜兵部侍郎。辭歸隱，聞哀帝被弒，不食而卒，年七十二。有司空表聖文集十卷，及詩集五卷詩品一卷傳世。圖工五七言律，大率爲感憤之作。

五、北宋作家

宋詩承五代餘習，崇排偶，尙華麗。眞宗祥符，天僖中，楊億、劉筠、錢惟演以李商隱爲宗，是爲西崑體。惟以後流於空虛。有形式而無內容。仁宗時，歐陽修、梅堯臣等，力反西崑體，詩竃氣勢，以載道爲主，蘇軾王安石等響應之，爲宋詩正宗。此宋詩之一變。及神宗時，黃庭堅以杜甫爲宗，陳師道、潘大臨等羽翼之，是爲江西派。此宋詩之又一變。

1楊億　字大年，建州浦城人，太宗時賜進士第。眞宗時，兩爲翰林學士，兼史館修撰。卒年五十七。有武夷新集二十卷，傳於世。億詩法李商隱，倡西崑體。劉筠、錢惟演、晏殊等，從而倣效。億所編西崑體酬唱集，用典太多，僻澀難解，詠物之作，寄興尤淺。石介著怪說，攻之甚力，不久即歸消沈。

2歐陽修　字永叔，廬陵人。四歲而孤家貧，母鄭氏守節自誓，以荻畫地教子。仁宗天聖八年，舉進士甲科，年二十四。慶曆三年，知諫院。嘉祐二年知貢舉，五年拜樞密副使，六年參知政事。神宗時，以請罷青苗法，爲王安石所忌。熙寧四年，以太子少師致仕，後五年卒。諡文忠，有居士集一百五十三卷，傳於世。修詩學韓李，而不喜杜，但無韓之僻澀，以風格爲主，與太白相近。獨闢蹊徑，大變西崑體，爲宋詩正宗。

3蘇舜欽　字子美，其先梓州人，家開封，舉進士，累官至湖州長史卒。當仁宗天聖中，學者爲文，多病偶對。子美與穆修倡古文，學者多從之。有蘇學士集十六卷，傳於世。歐陽修論其詩云：「蘇豪以氣轢，舉世徒駭驚」爲知音語。

4梅堯臣　字聖俞，宣州宣城人，工詩，仁宗召試賜進士出身，累遷尚書都官員外郎，預修唐書，未成而卒。有宛陵集六十卷，傳於世。與歐限修蘇舜欽齊名。堯臣作詩，雖力復古雅，然偏主平淡。歐陽修受他的影響甚大。

5蘇軾　字子瞻。眉州眉山人，仁宗嘉祐二年試禮部，主司歐陽修擢爲第二名。又以春秋對義，居第一，殿試中乙科。簽書鳳翔府判官。神宗熙寧中，以反對王安石新法，屢遭貶斥。哲宗元祐中，遷體部兼端明殿翰林侍讀兩學士，爲禮部尚書。紹聖元年貶瓊州別駕。徽宗立徙永州，後赦還。提舉玉局觀，復朝奉郎。建中靖國元年卒於常州，年六十六，諡文忠。有東坡詩集二十五卷，傳於世。蘇詩取各家之長，自創一格非斤斤於學一家者。

6黃庭堅　字魯直，別號山谷，洪州分寧人。舉進士，哲宗立召爲校書郎，紹聖中知鄂州，屢遭遷斥。年六十卒。有豫章黃先生集三十卷，傳於世。黃詩力斥晚唐，鎔鑄杜韓陶三家，獨具風格，爲江西詩派之祖。黃與秦觀、張耒、晁補之、爲蘇門四學士。

7秦觀　字少游，一字太虛，揚州高郵人。舉進士不第，蘇軾賞識之，介紹其詩於王安石，安石謂其詩，清新婉麗，有如飽，謝。晚年詩益高古，自成一家。

8張耒　字文潛，楚州淮陰人。弱冠第進士，累官起居舍人，後出知潁州汝州。有宛邱集六十卷，傳於世。耒詩亦務平淡，效白居易體，而樂府效張籍。以七律最工，多佳句。

9晁補之　字无咎，濟州鉅野人，舉進士。試開封及禮部別院皆第一。累官吏部員外郎，禮部郎中，兼國子編修實錄檢討官。後知達州改泗洲。卒年五十八。有鷄肋集七十卷，傳於世。補之詩，亦學蘇軾工七言律絕。

10陳師道　字履常，一字無己，彭城人。以非科第，僅官至秘書省正字。著有后山集二十四卷。師道學文於鞏，學詩於黃。又客蘇門，亦爲蘇軾所賞識。五七言律最工。五律似老杜有時似蘇軾，七律則似黃庭堅。

11王安石　字介甫，號半山，撫州臨川人。擢進士上第。神宗熙寧二年拜參知政事，行新法，朝臣多反對。熙寧七年罷相。元豐三年復拜左僕射，觀文殿大學士。後封荊國公，哲宗立加司空。元祐元年卒。年六十八。有臨川集一百卷，傳於世。安石詩生硬奇峭，晚年尤爲精嚴。

六、南宋作家

高宗紹興間，陸遊、范成大、尤袤、楊萬裡，號南宋四大家。他們的詩，雖仍存有江西派的味道兒，然偏向於平易，此宋詩之一變。後有永嘉四靈派，他們專學姚合賈島，刻意雕琢，力反江西派生硬作風，此宋詩之再變。寧宗嘉定以後，陳起劉克莊的江湖派，則以許渾爲宗，而格太卑，對偶太切。亦爲人所詬病。及宋亡，方鳳、謝翱、則爲逼苦之音。此宋詩之三變。

1 尤袤　字延之，無錫人。高宗紹興十八年進士，以詞賦稱。爲令守，有善政，後除禮部尚書。著有梁溪集，早佚。淸人尤侗，爲輯梁溪遺稿一卷。

2 楊萬裡　字廷秀，吉州吉水人。紹興二十四年進士。寧宗時，累官至寶謨閣學士，卒年八十三。學者稱誠齋先生。有誠齋集一百三十卷，及誠齋樂府，傳於世。誠齋有氣節，不阿權貴。詩初學江西派及后山五律，後學半山及唐人絕句，狀物寫情，曲盡其妙。

3 范成大　字致能。號石湖，吳郡人，紹興二十四年進士，孝宗隆興間，遷資政殿大學士，拜參知政事。成大有文名，尤工於詩，有石湖居士詩集三十四卷傳世。詩淸新自然，多寫田園景物，號田園詩人。

4 陸游　字務觀，越州山陰人。孝宗隆興初，賜進士出身，以祖蔭得官，累官寶章閣待制致仕。有劍南詩稿八十五卷，渭南文集五十卷。傳於世。放翁詩，融化李白杜甫岑參各家詩，自成一家。故其詩亦豪放，亦沈鬱，亦悲壯。爲南宋第一家。

5 四靈　四靈者，徐照字道暉一字靈暉。徐璣字文淵一字致中號靈淵。翁爺字續古一字靈靜。趙師秀字紫芝號秀靈，皆永嘉人，號永嘉四靈，四靈派詩，在當時頗能扭轉社會風氣，然因過於雕琢，失於破碎，取徑太狹，終於成就不大。

6 陳起　錢塘人，字宗之。開書肆於睦親坊，亦號陳道人。能詩，刋江湖集。劉克莊南嶽詩稿亦在內。此爲江湖派名稱所自昉。江湖派詩，以姜夔劉克莊爲著。

7 姜夔　字堯章，鄱陽人，號白石道人。以布衣終其身。著有白石詩集二卷。傳於世。白石爲詩，主溫柔敦厚，自然高妙。

8 劉克莊　字潛夫，號後村，莆田人。理宗淳祐初，特賜同進士出身。除秘書少監，兼中書舍人。有直聲，累官龍圖閣學士，致仕卒，年八十。著有後村集五十卷，後村詩話十四卷，傳於世。後村論詩，注重內容，反對以散文爲詩，採擷李、杜、梅、陸、各家之長，自成一家。

七、遼金元作家

金元詩人，只有元好問。尚稱傑出。但亦無特殊風格。

1 元好問　字裕之，號遺山，太原秀容人。七歲能詩，二十歲貫通經傳百家，興定進士，仕至行尚書省左司員外郎。金亡不仕。著野史未就而卒。元修金史，多以爲據。有遺山文集四十卷，傳於世。遺山詩，壯美豪放自然，與東坡相近。其論詩絕句三十首，人多稱之。

2 方回　字萬裡，號虛谷，歙縣人。宋理宗景定進士，知嚴州，入元爲建德路總管。有桐江集八卷，傳於世。虛谷論詩，反對四靈，推崇江西，於古人，則極崇陶、杜、諸家。

3 趙孟頫　字子昂，湖州人。宋之宗室，仕元拜翰林學士承旨。卒贈魏國公。有松雪齋集十卷，傳於世。孟頫以書畫名，詩亦清邃奇異。

八、明代作家

明詩，初以楊基，張羽、徐賁、劉基、稱爲四家，以劉基爲最著。永樂成化間，楊士奇倡臺閣體。英宗正統間，陳獻章倡率性自適之說，薛瑄則以眞情爲主。二人之說近似。孝宗弘治問，茶陵人李東陽，以臺閣體太平熟，倡格與聲之說，以矯其弊，是爲茶陵派。此時繼茶陵而起者，爲前七子，李夢陽等，倡言復古，文必秦漢，詩必盛唐。又有後七子，李攀龍等。除宗古外，又推重李夢陽。前後七子主張相同，但均流於摹擬剽竊，識者譏之。嘉靖間詩人輩出，大都受後七子之影響，鮮能自成一家。在前後七子復古聲中，祝允明、唐寅的詩充滿浪漫的情調。又有高叔嗣，華察、皇甫沖，三人作品，則介於古典與浪漫之間的。嘉靖隆慶問，俺答爲寇，產生一些愛國詩人。最著者爲唐順之，歸有光、徐渭等。七子的復古運動，自公安體出，乃歸於消歇。公安體之三袁，反對擬古，主清新輕俊。與公安同時的有鍾惺的竟陵派，鍾選詩，貴清瘦淡遠，袁中道亦曾譏其爲鬼趣。

1劉基　字伯溫，青田人，元末進士，性剛直，慷慨有大節，爲明代開國元勳。封誠意伯。晚年爲太祖所忌，憂憤而卒。有誠意伯文集二卷，傳於世。詩以雄邁遒勁勝。樂府古詩風骨亦高。

2李東陽　字賓之，自號西涯，茶陵人。景宗天順進士。累官禮部尚書，兼文淵閣大學士。著有懷麓堂集一百卷，傳於世。論詩主格與聲，又主淡遠。推崇李、杜、韓愈、蘇軾、兼及王、孟。東陽詩雅馴清澈，律圓而調響，因東陽爲茶陵人，號爲茶陵派。邵寶、何孟春、等爲茶陵派之著者。

3李夢陽　字獻吉，號空同子，慶陽人。徙開封。孝宗弘治進士。累官戶部郎中，江西提學副使，後罷歸，有空同子六十六卷行世。倡言文必秦漢，詩必盛唐。論詩注重格調，主張從學古人入手，再求變化。近體則學杜甫，惟所摹擬，僅得其貌，未得其神，佳作較少。

4何景明　字仲默，號大復山人，信陽人。弘治進士。武宗正德間，官陝西提學副使，卒年三十九，有大復集三十八卷，傳於世。景明爲前七子之一，後論詩與李不合。何，李，都崇漢魏盛唐，其所不同者，李重摹擬，何重變化。李貴雄麗，何尚秀朗，二人雖互相詆毀，實則各有所長。

5李攀龍　字于鱗，自號滄溟，歷城人。世宗嘉靖進士。累官陝西提學副使，河南按察使，以病告歸。有滄溟集三十卷，傳於世。詩以聲調勝，但亦不脫摹擬痕迹。

6王世貞　字元美，號鳳洲，又稱弇州山人，太倉人。年十九舉嘉靖進士，累官刑部書，有弇州山人四部稿一百七十四卷傳於世。世貞繼攀龍主文盟者二十年。論詩主盛唐，與李攀龍同，而兼及性情之真，與何景明近。律體高華，絕句亦典雅。大率皆有寄託，爲諷刺社會之作。

7唐順之　武進人，字應德，嘉靖進士，學問淵博，官至右僉都御史，著有荊川集十二卷傳世。所作詩歌，亦能言之有物，不失風雅之旨。

8歸有光　字熙甫明崑山人。嘉靖十九年學鄉試，四十四年成進士，年垂六十。官南京太僕寺丞，與修世宗世錄，卒於官，年六十六。有光文法韓歐、尤好太史公書、得其神理。詩歌力趨風雅，與秦漢派王世貞李攀龍相對抗。

9徐渭　字文長，爲浙江山陰諸生，有奇才，工詩文，擅書畫，尤知兵，其文源蘇軾，詩源於李白李賀。匠心獨運，不以模擬損才，詩文崛起，一掃當時蕪穢之習。有徐文長卅卷逸稿二十四卷傳世。

10袁宗道　字伯修，公安人。神宗萬曆間，會試第一，授編修，官終右庶子。宗道論詩，反對李王，與弟宏道中道力排其說。於唐好白樂天，於宋好蘇軾，因名其齋曰白蘇。世目爲公安體。或以空疎病之。有白蘇齋集。

11 鍾惺　字伯敬，竟陵人。萬曆進士，官至福建提學僉事，與同里譚元春評選唐詩為唐詩歸，又評選隋以前詩為古詩歸。風行一時，所選唐詩，專取清瘦淡遠一類。時人稱為竟陵體。惺著有隱秀軒集傳於世。

九、清代作家

清代初期，以詩名者，有仕清之明末遺臣，錢謙益吳偉業龔鼎孳，稱江左三大家。錢宗白居易蘇軾陸遊，力斥明代諸家。吳詩格律本之四傑，敘述類於香山。龔氏名齊吳錢，而詩稍遜，多讌飲酬酢之作。順康間，有王士禎專以神韻為主。此時朱彝尊則宗王、孟，兼學唐宋，以博雅見稱。厲顎專學宋詩，吐屬嫻雅，頗著聲望，但仍遜於朱。乾隆間，袁枚論詩，反對聲律，力斥摹擬，主性靈之說。清詩除神韻性靈之說外，又有翁方綱，詩宗杜、韓、蘇、黃，針對神韻倡肌理之說。沈德潛亦針對性靈倡格調之論。道咸以後，鄭珍以生澀奧衍見長。王闓運獨宗六朝，自成一家。清末又有黃遵憲、康有為、梁啓超，自抒胸臆，創新詩派。把握時代，面對現實，鎔鑄新理想，以入舊風格，產生一種新意境，詩風為之一變。

1 錢謙益　字受文，號牧齋，江南常熟人。明神宗萬曆三十八年進士。官至禮部侍郎。順治三年降清，為禮部侍郎，管秘書院事。充修明史副總裁。以疾乞歸。詩尚藻麗，間有逸致。著初學集一百十卷，有學集五十卷。傳於世。

2吳偉業　字駿公，號梅村，江蘇太倉人。明崇禎四年進士，累官左庶子，明亡仕清，順治十三年，遷國子祭酒。康熙十年卒。年六十三。有吳梅村集四十卷。傳於世。偉業晚年枉節，每欲借激楚蒼涼之詞，以掩其貳臣之行，不舍生又欲取義，世人多譏之。

3龔栗孳　字孝升，號芝鹿，合肥人。明崇禎七年進士，授兵科給事中。睿親王入關，遂降清。龔長於文，詩的成就不及錢、吳。

4施閏章　字尙白，號愚山。安徽宣城人。初號愚山，晚號矩齋。順治六年進士，詩與宋琬齊名。著有愚山詩集五十卷。

5宋琬　字玉叔，山東萊陽人。號荔裳，別署二鄉亭主人。順治四年進士。十八年，擢按察使。著有安雅堂三十卷傳於世。王士禎以與施閏章並稱。目爲南施北宋。

6王士禎　字貽上，號阮亭，別號漁洋山人，山東新城人。順治進士，康熙三十七年遷刑部尙書，五十年卒。年七十八。著有帶經堂集九十二卷。傳於世。漁洋論詩，以神韻爲宗。爲詩壇盟主者五十年。

7朱彝尊　字錫鬯，號竹坨。浙江秀水人。康熙十八年試鴻博，除檢討，著有曝書亭集八十卷。傳於世。彝尊爲詩，兼工眾體，而不名一格，與王士禎爲南北兩宗。

8厲鶚　字太鴻，祖籍慈谿，徙居錢塘，康熙舉人，著有樊榭山房集二十卷。鶚詩幽深峭潔，爲浙派之秀。

9沈德潛　字確士，號歸愚，江南長洲人，乾隆進士。官至禮部侍郎，卒年九十七。著有歸愚詩文鈔四十卷。傳於世。德潛論詩，宗漢魏盛唐，又倡格調之說。

10袁枚　字子才，浙江錢塘人，幼有異禀，乾隆進士。歷充江寧等縣知縣。後棄仕歸養。築室於小倉山，號曰隨園，又號簡齋，卒年八十二。著小倉山房詩文集七十卷。傳於世。論詩以性靈爲主。隨園詩話爲論詩之作。與蔣士銓、趙翼，稱乾隆三大家。

11翁方綱　字正三，號覃溪，大興人。乾隆十七年進士，嘉慶十九年加二品銜。二十三年卒，年八十六。工詩文、著有復初齋詩集七十卷。傳於世。方綱詩初學江西派，出入山谷，誠齋間。論詩反士禎神韻說，創肌理說，以救空虛之弊。

12鄭珍　字子尹，晚號柴翁，貴州遵義人。道光十七年舉人，著有巢經堂詩集。珍詩源於韓愈黃庭堅，沈鬱而饒新意，爲當時一大家。

13曾國藩　字滌塵，號伯涵。湖南湘鄉人。道光進士，爲同治中興功臣第一。論詩宗黃庭堅，著述甚富。

14王闓運　字壬秋，湖南湘潭人，咸豐三年舉人，著有湘綺樓詩文集二十二卷。亦爲清末大家。

15黃遵憲　字公度，廣東嘉應州人。同治十二年舉人，官湖南按察使。著有人境廬詩草十一卷。傳於世。遵憲論詩，反對擬古，他說「我手寫我口，古豈能拘牽」超軼不羣。孤峯獨秀。

為晚清詩歌創一新紀元。

16 康有為　初名祖詒，字廣廈，號更生，廣東南海人。光緒二十一年進士。著康南海詩集十三卷，傳於世。有為詩學杜甫，狂蕩豪放，為晚清愛國詩人。

17 梁啓超　字卓如，號任公，廣東新會人，清末舉人，師事康有為，有飲冰室全集傳世。啓超詩雄偉流暢，亦富愛國思想。

18 蘇玄瑛　字子穀，小字三郎，原名宗之助，廣東香山人。父蘇傑生，母日人若子，十二歲剃髮於廣州長壽寺。法名博經，號曼殊。二十歲時，講學於湖南各地。民元由印度返上海，奔走革命。民七卒於上海廣慈醫院，年三十五。當時革命領袖，均往致祭，儀式極為隆重。有蘇曼殊全集，傳於世。曼殊詩淒豔動人。共九十首，以七絕為多。

第七章 詞

第一節 概說

詞的界說 詞从司从言，司作主解，意主於內，然後言發於外。所以詞是意內言外，詞是由詩與音樂兩種關係變化而成的。詞是以曲譜為主，先有聲，而後有詞，所以詞與音樂的關係特別密切，故宋歐陽炯稱之為「曲子詞」，王灼稱之為「今曲子」。古人有稱詞為詩餘，為樂府，為長短句者。此等名稱，似欠恰當，詞之產生，乃詩歌之演變，文學的發展。不能視為詩之副產品。

詞的起源 詞的起源，各家說法不一，宋王應麟云：「詞曲者，古樂府之末造」。王國維云：「詩餘之興，齊梁小樂府先之」。這是詞起源於樂府的主張。清方成培云：「唐人所歌，多五言七言絕句，必雜以散聲，然後可被之管絃，如陽關三疊而後成音，此自然之理也，後來遂譜其散聲，以字句實之而長短句興焉。故詞者，所以濟近體詩之窮，而上承樂府之樂也」。這是詞起源於近體詩的主張。蓋以樂府與詩的整齊詩句，配合變化無窮的樂譜，很難唱到委婉抑揚之妙，所以才要順著樂勢，添些襯字進去。這就叫做泛聲或和聲。泛是不切實的意思，所添的襯字，在詩意上是不切實的，但在聲調上可以副合樂勢。和是協和的意思，添幾個字，聲調與樂勢就協和了。所以泛聲也就是和聲。如唐玄宗的好時光：「寶髻偏宜宮樣，蓮臉嫩，體紅香。眉黛不須張敞畫，天教人鬢長。莫倚傾國貌，嫁取箇有情郎，彼此當年少，莫負好時光」。這些。「偏、蓮、張敞、個」，都是泛聲。文字增多句子起變化，成了長短不整齊的形式。宋沈括說：「唐人以詞填入曲中，不復用和聲」。到這時候，詞的形式才算正式成立。因此大多數主張詞起源於樂府與唐代的近體詩，這是在音樂與形式上立論。但我們也要注意到文學發展的因果性。我們都知道，詩由是四言而古體而近體。到唐末，無論古體或律絕，都已發展到極高峯，於是詩人不得不另找出路，棄舊謀新，於是詞乃應運而生。

詞的體制　詩句是由四言五言或七言組成的。句子是整齊的，簡單的。而詞的句子，或長或短，頗不一定。然在繁雜中，亦有法度以規範之。同是便於歌唱的。所以要依聲製詞，因此而有詞調。宋人草堂詩餘。把詞調分爲小令中調長調三種。清毛先舒的填名解云：「五十八字以內爲小令。五十九字至九十字止爲中調。九十一字以外爲長調。此古人定例也」。清萬樹詞律發凡云：「此就草堂所分而拘執之。所謂定例。有何所據。若以少一字爲短，多一字爲長，必無是理」。他舉例證明，持論亦頗精當。蓋事物的演變，大部由簡而繁，詞調亦不例外。小令是詞調的簡單者，把小令拉長了，謂之引，或謂之近，再加引伸，則謂之慢。最長者爲鶯啼序，計四疊，爲二百四十字。以詞的內容，決定詞的形式，初無字數呆板的限制。萬氏之論，自是智者之言。

第二節　晚唐五代詞

晚唐五代是詞的成立時期。李白憶秦蛾，菩薩蠻二詞，宋黃昇說他是「百代詞曲之祖」。但明胡元瑞說那是溫庭筠所爲，嫁名太白者。今細味此詞。高古淒怨，與華豔婉約的溫詞不類。而憶秦娥詞，頗有黍離之悲，似爲五代時，唐末遺民之作。李白詞雖不可靠，但在李白時期，詞已漸由醞釀而成熟。如張志和、張松齡、韋應物諸人，確實有詞的作品了。最有名的是張志和的漁父詞五首。到了晚唐，溫庭筠才有詞的專集，一名握蘭，一名金荃。此時詞已宣告正式成立。晚唐五代的詞，大都是小令，而長調亦於此時發生。宋人全唐詩話，有杜枚的八六子，鍾輻的卜算子慢。蜀趙崇祚花間集，有薛昭蘊的離別難，尹鶚的金浮圖，李珣的中興樂。五代人尊前集，有後唐莊宗的歌頭。這些詞，大都在一百字左右。長調雖萌芽於晚唐五代，但尚未風行。

晚唐五代詞代表作家

1 溫庭筠　字飛卿，山西太原人。與李義山段成式齊名。所著握蘭金荃二詞，爲有詞專集之始，均已散佚。存於花間者，尚有六十餘首。以菩薩蠻、更漏子、夢江南、爲代表。宋黃昇說：「飛卿詞、極流麗、宜爲花間之冠」。似非溢美之詞。他上承唐詩，下開五代宋詞，是詩詞過渡時期的橋梁

2 韋莊　字端己，杜陵人，唐昭宗乾寧元年進士，事蜀王建，爲散騎常侍判中書門下事。有浣花集。詞與溫庭筠相伯仲。但不似溫庭筠的濃豔，帶有雅淡的筆意。清沈雄古今詞話云：「其愛人被王建奪去以後，追念悒快，詞多悽怨之音」。如浣溪沙，菩薩蠻，女冠子，應天長，或是回憶，或是傷感，都是情感眞切的表露。

3馮延巳　一名延嗣字正中。其先彭城人。後徙廣陵。事南唐，累官中書侍郎，左僕射同平章事。有陽春錄一卷。他是浪漫成性，有才無行的文人。但他在詞的成就極大。與韋莊、李煜稱爲當代三大詞人。他的作品，在宋初已多散佚。宋陳世修編陽春集，共得詞一百十九首，但其中可信爲馮作的，還不到一百首。他的詞有濃厚的情感，清新的語句，及擴大的境界。蝶戀花，採桑子諸詞，可爲代表作。

4李煜　名從嘉，字重光。南唐中主孝璟第六子，又稱後主。中主亦工小詞，惟現存者不多。所作攤破浣溪沙，爲人所稱。後主少聰慧。工詩文、善書畫、妙音律，伴著秀外慧中的大小周后，過享樂的生活。如玉樓春，菩薩蠻，一斛珠，都是前期生活的寫照。他沒有感慨，沒有悲傷。在他降宋以後，與故宮人書云：「此中日夕，只以淚洗面」。所以王國維說：「後主之詞，真所謂以淚洗面者也」。但他不經亡國之痛，也不能做出血淚的詞。如渡江中望石城泣下，相見歡，子夜歌，浪淘沙，虞美人，是後期作品。在這些作品中，漾露著沈痛與傷感。王國維說：「溫飛卿之詞，句秀也。韋端己之詞，骨秀也。李重光之詞，神秀也」眞是知音之談。

第三節　兩宋詞

兩宋是詞的極盛時期，無論在量的方面，或質的方面，都是超過唐五代的。這是因爲兩宋國祚較長，詞得以孳乳發展。又因爲君主的提倡，如眞，仁，神三宗，俱曉聲律，而徽宗之詞尤工。上下從風，作者日眾，遂造成兩宋詞的極盛時期。兩宋的詞風，不完全相同。北宋詞較爲含蓄沖和，差近唐五代作風。南宋詞清新刻露，較多斧鑿之痕，但南宋詞人，因多家國之感，時有悲涼之作。

一、北宋詞　北宋經過四五十年的昇平，在文學上有新的發展，詞上承五代餘風，漸走入新階段。詞的體制，已由小令發展到慢詞。聶冠卿有多麗長調一首，所以有北宋慢詞，始於冠卿之說。但這時，慢詞的創作，仍不甚多。到張、柳、慢詞才大行於世。如張先的山亭宴慢，謝池春慢，熙州慢，宴春台慢，卜算子慢，少年遊慢，歸朝歡、喜朝天、破陣樂、沁園春、傾杯、剪牡丹、漢宮春、等調。而柳永的樂章九卷中，則全以慢詞爲主，小令只是少數。張、柳、以後，慢詞作者更多。蘇、秦、等相繼有作。慢詞遂極一時之盛。張先早期作品，在形式上還是短的小令。在詞風上仍帶有南唐的風采。以後乃大爲轉變。柳永用慢詞，描寫男女淫樂的生活，以白話入詞。一洗晏，歐的士大夫文學，代之以通俗文學，所以宋詞無論在形式上，內容上，張、柳實爲一大轉捩點。及蘇軾以詩入詞，不重音律，由歌者詞，轉變到詩人的詞。詞從五代到柳永，一向是離不開音樂的，所以要婉約，要協律。到蘇軾，重詞意尚豪放，不以律害意。這是宋詞的再變。及秦觀、賀鑄、建立格律詞派，周邦彥集其大成，李清照踵事增華。北宋詞的發展於此可見一斑了。

二、北宋詞代表作家

1 聶冠卿　歙州新安人，字長孺，真宗咸平進士。授連州軍事推官，大臣交薦，召試學士院，校勘館閣書籍，預撰景祐廣樂記，特遷刑部郎中，累遷翰林侍讀學士，告歸卒。冠卿嗜古文工詩，有蘄春集。

2 晏殊　字同叔，撫州臨川人。眞宗時舉進士，仁宗慶曆中拜集賢殿學士，同中書門下平章事，兼樞密使，卒謚元獻。有珠玉詞。他一生富貴，位極人臣，生活快樂，毫無憂苦。他表現在詞中的，是溫和，是婉約，在詞的風格與形式，都是近似於南唐。所以當時劉攽說：「元獻尤善馮延巳歌詞，其所自作，亦不減延巳」。如浣溪沙、踏莎行、蝶戀花、表現著一片溫和氣象。

3 歐陽修　字永叔，廬陵人，仁宗時宰相。卒謚文忠，有六一詞。他的詞。是取花間南唐於一爐而冶之。然尤似馮延巳。王國維說：「馮正中玉樓春詞『芳菲次第長相續，自是多情無處是。尊前百計得春歸，莫爲傷春眉黛促』。永叔一生專學此種」。又淸馮煦說：「其詞與元獻同出南唐，而深致則過之。疏雋開子瞻，深婉開少游」。歐詞的影響力，又如此之大。如踏莎行，蝶戀花，生查子，南歌子，或寫山水，或寫兒女柔情，無不曲盡其妙。

4 晏幾道　字叔原，號小山，晏殊子。性孤僻，少練達。他只做過潁昌、許田鎭的小監官。晚年，窮苦潦倒，回憶昔日的榮華富貴，不免滄桑之感。與其父同叔的詞，雖同出於南唐，而作風則殊。他的詞是淒楚哀怨，沒有他父親雍容和婉的氣味。他的遭遇，和他父親不同，所以詞的作風亦異。如蝶戀花，臨江仙，鷓鴣天或寫回憶，或寫窮愁，都充滿著淒涼的情調。

5 張先 字子野，湖州人。仁宗天聖八年進士。曾知吳江縣，晚年爲都觀郎中。有陸安詞一卷。子野風流倜儻，善戲謔，好冶遊。他的詞，已走向鋪敘和錘鍊的功夫。偏於男女淫樂生活的描寫。他有三影名句。所以人呼他爲張三影。如天仙子的，「雲破月來花弄影」，舟中聞雙琵琶的，「柳徑無人，墜輕絮無影」，歸朝歡的，「嬌柔懶起，簾押捲花影」。都盡錘鍊之能事。

6 柳水 字耆卿，初名三變。福建崇安人。仁宗景祐進士。做過屯田員外郎的小官，又號屯田。精通音律，喜作豔詞。用白話描寫妓女生活。又喜寫旅況鄉愁，音律諧和，詞意妥帖。赤裸裸的說實話，毫不裝腔做勢。能得到大多數讀者的愛好。當時有諺語云：「凡有井水處，即能歌柳詞」。其詞流傳之廣，可以概見。清馮煦評其詞曰「曲處能直，密處能疏，奡處能平，狀難狀之景，達難達之情，而出之以自然，自是北宋巨手」。如迎新春，望海潮，寫都市的繁凖。殢人嬌，晝夜樂寫男女的愛情。都是毫無含蓄的吐露出來。可說是詞的直接表現法。

7 蘇軾 字子瞻，眉山人。仁宗嘉祐二年進士，累除翰林學士、端明殿學士、禮部尚書，因與王安石政見不合，屢遭貶謫。他的詞，是獨樹一幟。喜豪放，不重音律。陸遊說：「東坡酒酣，自歌古陽關，則公非不能歌，但豪放不喜剪裁，以就音律耳」。李清照則謂爲，句讀不協之詩。陳無己也說：「子瞻以詩爲詞」。這都是對蘇詞的一種諷刺。蘇詞的取材極爲廣泛，不限於兒女柔情。凡目之所觸，心之所感，無所不寫。以豐富的學問，曠達的胸懷，創造曠古未有的豪放詞風。宋胡寅說：「蘇氏開一洗綺羅香澤之態，擺脫綢繆宛轉之度，使人登高遠望，舉首高歌，逸懷浩氣超乎塵埃之外，於是花間爲皂隸，而耆卿爲輿台矣」。眞能道出蘇詞的特點。如水調歌頭的中秋懷子由，念怒嬌的赤壁懷古，西江月、臨江仙、均有豪放飄逸之致。

8 周邦彥　字美成，自號清眞居士，錢塘人。神宗元豐中獻汴都賦，召爲太學正。徽宗朝，提舉大晟樂府，後又出知順昌府。及方臘反，不仕。宣和三年卒，年六十六歲。有清眞詞，亦名片玉詞。美成通音律，能自度曲。審音調律。極爲精密。好作慢詞，喜寫豔情。與柳永齊名。張炎說：「周情柳思」。清馮煦也說：「屯田勝處，本近淸眞」。他又長於檃栝唐人詩語，渾然天成。四庫全書提要云：「邦彥於南北宋間，爲詞家大宗。所作皆精深華艷，而氣格渾成。鎔鑄成語如己出，此由筆力高妙，非但以嫻於音律見長也」。如瑞龍吟，蘭陵王，六醜，玉樓春，等詞，鍊句調律，鋪敘刻劃，均爲工巧。

9 賀鑄　字方回，河南衞州人。生性任俠，不事諂媚，不見用於權貴，雖先後通判泗州，亦不得志。晚年不仕，號慶湖遺老。有東山樂府。家雖貧，然藏書甚富。他的詞飄逸出塵。頗有蘇軾之風。但他也很重音律。張文潛說：「方回大抵倚聲而爲之詞，皆可歌也」。他又善於運用前人成句，融化貼切天衣無縫。這點與周邦彥相似。如小梅花將進酒，御街行別東山，或看穿了富貴，或追戀過去的歡樂。都是表現個久的人生。

10 秦觀　字少游，高郵人，舉進士。哲宗元祐初，蘇軾以賢良方正薦，除太學博士，後兼國史院編修官。哲宗紹聖初，坐黨籍削秩。先後貶逐處州等地。徽宗立放還，至藤州而卒。有淮海詞。秦觀出於蘇門，爲蘇軾所重，但他的詞風與蘇不同。他以蘇軾的豪放調和歐陽小晏的婉約，以歐陽小晏的婉約調和柳永的粗俗。鎔鑄各家之長，造成典雅飄逸沈鬱的詞風。所以蔡伯世說：「子瞻辭勝乎情。耆卿情勝乎辭，辭情相稱者，唯少游一人而已」。如南歌子，滿庭芳、踏莎行、均爲佳作。蘇軾寫踏莎行在扇上，時時吟誦，其愛好如此

11 李清照　號易安居士。山東濟南人，爲李格非之女，趙明誠之妻。自解音律，雖以白話入詞，然亦工錘鍊，有漱玉詞。他的家庭，在初期很美滿，夫妻共同藝術生活。及金人入侵，逃難江南，趙明誠病死。他又歷盡人間窮苦悲酸之境。他的詞，在這前後不同的環境裏，有不同的詞風，如減字木蘭花，如夢令、一剪梅、醉花陰、鳳凰臺上憶吹簫、聲聲慢、或寫別情，或寫思念，無非愛的表現。是爲前期作品。如御街行，武陵春之悼亡夫，爲後期作品。他對當代的詞家，均有所瑕疵，所論雖未盡當，然亦不無獨到處。

三、南宋詞　金元入侵，宋室南遷。愛國詞人。蒿目時艱，發爲慷慨悲壯之詞。此時的詞，重於抒情，而忽於音律，此爲白話派的詞，以辛棄疾爲代表。及宋金議和，兵禍暫熄，偏安之局已定。

社會復告繁華，士大夫酣醉於歌舞昇平。為適應聲伎的需要，詞又趨向於唯美，審音度律，惟恐不工。此為格律派的詞。以姜夔為代表。

四、南宋詞代表作家

1 辛棄疾　字幼安號稼軒，山東歷城人。遼金南侵，有志之士，紛起抗敵，耿京聚兵山東，辛掌書記。高宗紹興三十二年，奉命南歸。高宗孝宗都器重他。累官浙東安撫使，加龍圖閣待制，進樞密都承旨。有稼軒長短句十三卷。幼安富愛國思想及尚武精神。他的詞，或慷慨激昂，或纏綿悱惻，胸懷磊落，吐詞高雅，非淫靡者可比。如破陣子、木蘭花、摸魚兒、滿江紅、西江月、菩薩蠻、賀新郎等，放縱中有細密，閑淡中有熱情，都能達到最高的境界。論詞者，多以蘇辛並稱。王國維說：「東坡之詞曠，稼軒之詞豪，無二人之胸襟，而學其詞，猶東施之效捧心也」。詞之有蘇、辛，正如詩之有李、杜，各有千秋，不能強為軒輊。

2 朱敦儒　字希眞。洛陽人。紹興五年賜進士出身。為秘書省正字，兼兵部郎官，遷兩浙東路提典刑獄致仕。有獵較集詞三卷亦名樵歌。他的詞，如蘇幕遮，朝中措的豪放，雨中花，訴衷情的沖淡。用通俗的語言抒寫純潔的心靈，確有他獨到的境界。

3 陸遊　字務觀，號放翁，山陰人。孝宗時進士，累官至寶章閣待制致仕。他的詞風是多方面的。明楊愼詞品云：「纖麗處似淮海，雄快處似東坡，予謂超爽處，更似稼軒耳」。豔麗如釵頭鳳。豪放如沁園春。閒適如好事近。這都是代表作品。

4劉過　字改之，號龍州道人。吉州太和人。有志恢復，不爲朝廷所用，放浪江湖間。有龍州集詞一卷。他的詞學稼軒，但因故作豪語，失於粗獷。有時又作豔詞，如詠美人指甲。詠美人足等。

5劉克莊　字潛夫，號後村。莆田人。理宗淳祐中賜同進士出身。官龍圖閣直學士，卒諡文定。有後村別調一卷。後村有志救國，而事與願違，故其詞中，多憤慨語。詞風與辛相近。惟氣勢骨力，則遠遜於辛。張炎評爲效稼軒而不及者。如沁園春、念奴嬌、水龍吟、賀新郎、滿江紅諸調，頗具辛之面目。與劉改之同爲辛派詞人，世稱二劉。

6姜夔　字堯章，號白石道人。江西鄱陽人。一生不仕。喜遊山水，精通音律，能自製曲。他自己說：「自作新詞韻最嬌，小紅低唱我吹簫，曲終過盡松陵路。回首煙波十四橋」。他的詞，重音律，工雕琢。以善用典故，使得詞旨晦澀，情趣減少。如詠梅，暗香疏影二闋，就是犯了此種毛病。他是繼周邦彥建立南宋古典詞派之主要人物。史達祖、吳文英等，都傳其衣鉢。

7史達祖　字邦卿。開封人。依附韓侂胄，人品卑下，而詞極工巧。淸汪森說：「姜夔出，句琢字鍊，歸於醇雅，史達祖等羽翼之」。他的詠物詞。綺羅香、春雨，可爲代表作。

8吳文英　字君特，號夢窗，浙江四明人。理宗淳祐間人，事蹟不詳，著有夢窗甲乙丙丁槁四卷。宋人評他的詞，有毀有譽，張炎說：「夢窗詞，如七寶樓臺，眩人眼目，拆碎下來，不成片段。」既爲七寶樓臺，當然眩人眼目，既是拆碎了，當然不成片段，玉田此語似是而非，不能視爲定評。尹煥謂：「求詞於吾宋，前有淸眞，後有夢窗」。譽之又爲太過。蓋夢窗詞，協律典雅柔婉含蓄，用事下語，每易失於太晦，不易令人了解，如詠木蘭花的瑣寒窗，詠落梅的高陽臺，就犯了堆砌晦澀的毛病。然他的唐多令，入松風，則淸新自然，無斧鑿痕，這樣的詞，在夢窗詞中也不少見。總之夢窗詞，不失爲南宋大家。

9 周密　字公瑾號草窗。濟南人。理宗淳祐中官義烏令，宋亡不仕。居杭。著作甚富，有蘋洲漁笛譜詞集，又名草窗詞。詞極精妙。與吳文英世稱二窗。所作如一萼紅的登蓬閣有感，有悲涼之音。詠物之作，如水龍吟之詠白蓮，國香慢的詠水仙，亦爲人所推賞。

10 王沂孫　字聖與號碧山，浙江會稽人。宋亡仕元。有花外集一卷，又名碧山樂府。淸朱彝尊等很推崇他。並說他詠物比興，寓黍離之悲。這都是牽強附會之語。他既無氣節，何有家國之思。如高陽臺詠梅花，踏莎行題草窗詩卷，讀起來也是不著痛癢，只是些無病呻吟之語。

11 張炎　字叔夏，號玉田，甘肅天水人。南渡居杭州。流浪江湖間，設卜肆於鄞，落魄以終。有山中白雲詞。炎精音律。詞以協律雅正淸空爲主。所謂協律，即凡一字不協者，必須改正。所謂雅正，便是含蓄，用典影射所說的事物。所謂淸空，就是空靈神韻。格律故典派的詞，到了張炎已到極端，詞人們逃不出他的範疇。詠物的詞，如南浦的詠春水，水龍吟的詠白蓮，解連環的詠孤雁。刻劃入微，神情的表達，都很逼眞。

第四節　遼金元名詞

詞到南宋，已發展到極點。當時的詞人，不歸於花間南唐，則歸於蘇、辛，或歸之於淸眞、白石、夢窗、玉田諸家。這時期的詞，已呈膠著狀態，不能有新的開展，也就是走上衰敗的路上去。所以明、宋徵璧說：「詞至南宋而繁，亦至南宋而敝」。這是無可否認的。到遼金元明，詞人仍在宋詞裏兜圈子，兜來兜去，仍是那一套，毫無新的創作。形成詞的衰落時期。金元的詞，尚不失爲閒適雅正。明人的詞，品格卑下，不免庸俗。

遼金元明詞的代表作家

一、金詞作家

1 吳激　字彥高，建州人。宋宰相栻子，米芾壻。使金，留不遣。命爲翰林待制，後又出知深州，到官三日卒。有東山集詞一卷。人月圓一首，有傷感情調。

2 趙秉文　字周臣號閒閒老人，滏陽人。大定進士，興定初，累拜禮部尚書，哀宗即位，改翰林學士，工書畫詩詞。促拍醜奴兒一首，不假雕琢，亦頗閒適。

3 元好問　字裕之號遺山，太原秀容人，興定三年登進士第，累官尚書省左司員外郞，金亡不仕，以著述自娛。有遺山新樂府五卷。深於用事，精於鍊句。木蘭花慢一首，極爲豪放。

二、元詞人 有婉約派的仇遠張翥諸人。豪放派的薩都拉諸人。閒適派則有劉因倪瓚諸人。

1仇遠　字仁近。號山村，錢塘人。宋末與白珽齊名。初爲溧陽州儒學教授，工詩文、詞風似南宋的婉約，而八犯玉交枝詞，則似東坡。有金淵集、山村遺集。

2張翥　字仲舉，晉甯人。順帝至正初爲國子助教，累官河南平章。學者稱蛻庵先生。他的詞，風流婉麗，頗受姜、吳的影響。他又眼見元的盛衰，亦多閔亂憂時之語。摸魚兒寫景抒情，語多凄楚。有蛻庵集、蛻巖詞。

3薩都拉　字天錫，雁門人。泰定帝進士，官江南行臺侍御史，有雁門集八卷。登石頭城，彭城懷古。都是豪放之作。

4劉因　字夢吉，號靜修，保定容城人。元初隱居不仕，有樵庵詞。菩薩蠻一首，清新可人。爲閒適派之正宗。

5倪瓚　字元鎮，號雲林居士，無錫人。隱居不仕。有清閟閣詞一卷。人月圓一首，頗有飄逸之致。

三、明詞人 婉約派有楊慎、王世貞、陳子龍、葉小鸞等。閒適派有陳繼儒等。

1楊慎　字用修，新都人。武宗正德六年進士第一，授修撰。著有詞品，升庵詞，陶情樂府。夫人黃氏亦能詞。他的詞，如轉應曲，穠麗而近於曲。

2王世貞　字元美，號鳳洲，又稱弇州山人，太倉人。世宗嘉靖二十六年進士，累官刑部尚書，以詞自負。清沈雄評他的詞，爲「不痛不癢篇什，惟能以生動見長」如夢令婉約清新。

3陳子龍　字臥子，江蘇松江華亭人。思宗崇禎十年進士，選紹興推官，明亡殉節。有湘眞閣江籬檻詞二卷。神韻天成，一掃明人俗氣，爲明人之冠。他的浪淘沙，爲人所稱。

4葉小鸞　吳江人。母沈宜修，姊小紈、紈紈、都能詞。自著有疏香閣詞。他的浣溪沙婉約秀美。

5陳繼儒　字仲醇，號眉公，華亭人。諸生。隱居崑山之陽，有晚香堂詞二卷。他的攤破浣溪沙瀟灑閒適。

第五節　清代詞

清代的詞，無論審音協律修詞，都非常用心，態度亦很嚴正。遠在明代之上。所以詞到清代，頗有中興之象。清初詞人，多宗唐五代，以納蘭性德的飲水詞與側帽詞爲最有名。詞風似納蘭性德者，有王士禎、毛奇齡、彭孫遹、佟世南、及顧正觀諸人。到了朱彝尊宗姜、張，陳其年宗蘇、辛，詞風爲之一變。朱彝尊爲浙派領袖，其影響力，比陳其年爲大。當時譚獻說：「浙派詞，竹垞（朱彝尊）開其端，樊榭（厲鶚）振其緒，頻伽（郭麐）暢其風，皆奉石帚（姜夔）玉田（張炎）爲圭臬，不敢。

進入宋人一步，況唐人乎」。浙派詞，到了厲鶚郭麐，已達高峯。嘉道間，浙派漸衰，項鴻祚出，為之一振。但及其末流，失之堆砌，格調日弱，爲時人所病。常州派張惠言周濟等，宗師周邦彥，以溫柔敦厚，防淫濫之失。自茗何詞選出，倚聲之學，日趨正鵠。嘉道以後，常州派盛行。但亦漸發生空疏隱晦的流弊。及蔣春霖出，以身受流亂之苦，發爲蒼涼酸辛之詞，不傍門戶，獨以風雅爲宗。譚獻推納蘭性德項鴻祚與蔣春霖爲清代三大詞人，不爲無因。

清代詞的代表作家

一、納蘭性德　原名成德，字容若。滿洲正白旗人。太傅明珠之子。聖祖康熙十四年進士。有飲水側帽。三十一歲病死。詞宗李後主。當時顧直觀說：「容若詞，一種悽惋處，令人不能卒讀」。陳其年說：「飲水詞哀感頑豔，得南唐二主之遺」。由此可知，納蘭性德是清第一大詞家。菩薩蠻、蝶戀花、尤爲哀豔動人。

二、陳維崧　字其年，號迦陵，宜興人。舉博學鴻詞，授翰林檢討。有迦陵詞。與朱彝尊齊名。迦陵才氣縱橫，詞宗蘇、辛。吳梅村極推崇之。他說：「氣魄之壯，古今殆無敵手。滿江紅、金縷曲，多至百餘闋。其他詞家有此雄語否。雖其間，不無粗率處，而波瀾壯濶，氣象萬千，即蘇、辛、後主，猶將視爲畏友也」。他誠不愧爲陽羡派的領袖。如好事近，點絳唇，極備蒼涼之情。而月華清諸篇則又極婉約之致。

三、朱彝尊　字錫鬯，號竹垞。浙江秀水人。舉博學鴻詞，授翰林院檢討。有曝書亭集詞，爲浙江領袖。詞宗姜（堯章）張（玉田）刻削雋永，圓轉瀏亮。但只能雅正，而缺少高遠的境界。高陽臺字句琢鍊，歸於醇雅。

四、厲鶚　字太鴻，錢塘人，號樊榭。康熙舉人。有樊榭山房詞。爲浙派主要人物。備受世人推崇。徐紫珊說：「樊榭詞，生香異色，無半點煙火氣」。凌廷堪說他：「琢句鍊字，含宮咀商，淨洗鉛華，力除俳鄙」。樊詞審音修詞，是有最大工夫，但亦難免委靡堆砌之弊。百字令，月夜過七星灘，極爲工巧。

五、張惠言　字文，武進人。仁宗嘉慶進士。授輸林院編修。著有茗柯詞。譚獻說：「茗柯詞，眞得風人之義，以比興出之，非一覽可盡」。他乘浙派之敝，創常州詞派。爲之領袖。水調歌頭五章，超拔俊逸，爲世人所稱。

六、項鴻祚　字蓮生，錢塘人。宣宗道光舉人。卒年三十八。有憶雲詞。他的詞，哀豔而律謹嚴。譚獻說：「蓮生，古傷心人也。盪氣廻腸，一波三折，有白石之幽澀，而去其俗，有玉田之秀折，而無其率，有夢窗之深思，而化其澀。殆欲前無古人」。可謂讚揚到極點。揚州慢廣陵舟次，古豔哀怨，沁人心脾。

七、蔣春霖　字鹿潭，江陰人。文宗咸豐中，官東臺場鹽大使，有水雲樓詞。生逢洪楊之亂，目覩人民流離之苦。發爲蒼涼辛酸之詞。他不事標榜。而獨具風格。吳梅說：「鹿潭不傍門戶，獨以風雅爲宗。律度之細，既無與倫，文章之佳，更爲出類。而又雍容大雅，無搔首弄恣之態，有清一代，以水雲爲冠，亦無愧色焉」這批評，很爲得體。唐多令，語極淒涼。

第八章 曲

第一節 概說

曲的界說 曲亦曰詞曲，由來已久。在元曲以前之曲，完全指樂譜而言。詞是曲的歌文，故謂之詞曲。元曲以後之曲。非樂譜，乃係歌文。故無論在音樂上，或形式上，曲是從詞演變而來的。所以曲亦稱詞餘。

曲的起源 金元先後入侵，外族音樂，輸入中原。宣和末年，京師街巷鄙人，多歌番曲，一時風靡，士大夫皆歌之。到了元代，又輸入一些新的歌曲與樂器，如箏 胡琴琵琶之類。其所彈之曲，亦與漢人異。由於樂曲與樂器的變化，當時的音樂與詞，是不適合於時代的需要，自然會被擯斥，曲就應運而生。王世貞藝苑巵言云：「曲者詞之變。自金元入主中國，所用胡樂，嘈雜淒緊，緩急之間，詞不能按，乃更爲新聲以媚之」。到了董解元的西廂，曲之形體，無論是小令是套數，已有相當的成熟，至金末元初，由始大盛。

曲的體制 曲泛指散曲雜劇傳奇而言。此則專論散曲。雜劇傳奇，詳第九章戲劇中。散曲是指小令、合調、套數，而言。由小令變爲合調，再變爲套數。小令是民間的小調。明王驥德曲律云：「所謂小令，蓋市井所唱小曲也」。小令猶如詩之絕句，詞之小令。小令是最簡單的曲子。作者塡一調畢，意有未盡時，可再塡一調，以足其意。謂之雙調。雙調亦名帶過曲。兩調不足時，可重用三調。衹以三調爲限，謂之合調。由小令合調，再擴大之爲套數，亦名散套，亦稱爲大令。可用以敍述複雜的情節。以內容之繁簡，決定其長短。短者只有三四調，長者有三十四調之多。散套之組織有三要一點。

一、由多首的同一宮調的曲組成之。

二、全套各調，一韻到底。

三、每套最後必有尾聲，以表示全劇的完整。及音樂的結束。

第二節 元代散曲

元代散曲，大體可分爲前後兩期。前期作品，通俗直率。如關漢卿白樸馬致遠，可爲代表。但到張養浩貫雲石諸人，在曲的風格上，有雕琢唯美的傾向。後期作品，是格律的，唯美的，喬吉張可久，可爲代表。

元代散曲代表作家

一、關漢卿　號己齋叟，大都人。金末解元，後爲太醫院尹。工曲、好尋花問柳，吟詩寫字，吹彈歌舞，打毬圍棋。用白話作曲，描寫男女生活，情態畢露，繪聲繪形，曲盡其妙。如一半兒題情，大德歌，四塊玉別情。雙調新水令套，都可說是成功的作品。

二、白樸　字仁甫號蘭谷，生金末、河北眞定人。品格高潔，所作曲，每有故宮黍離之悲。而天淨沙春，天淨沙秋，亦極蕭疏放逸之致。

三、馬致遠　號東籬，大都人。任江浙行省務官，以志不遂，隱居山林，寄情詩酒。他的曲，意境高，範圍廣，如天淨煞秋思，瀟灑出塵，恬適閒靜，自是散曲大手筆。

四、張養浩　字希孟，號雲莊。山東濟南人。仁宗時，爲禮部尚書，後致仕家居。有雲莊休居自適樂府一卷。朝天子，水仙子詠江南，殿前歡，或豪放，或柔美，自是曲中上品。

五、貫雲石　蒙古人，本名小雲石海涯，父名貫只哥，遂以貫爲氏。自號酸齋。精通漢文。仁宗時，曾爲翰林侍讀學士。知制誥。後隱居江南，賣藥爲生。自號蘆花道人。爲元代曲壇巨擘。如清江引，紅綉鞋，皆爲酸齋傑作。而金字經，小梁州諸作，柔美纏綿，尤饒南方文學色彩。當時有徐再思者，號甜齋。亦擅長樂府，世稱酸甜樂府。

六、張可久　字小山，浙江慶元人。成宗朝授集賢學士。他是元代散曲專家。有今樂府，蘇堤漁唱，吳鹽，新樂府。他的曲。美麗雅正，一洗俚俗之語。明涵虛子評他：「如瑤天笙鶴，清而且麗，華而不豔，有不食煙火氣」。頗能道出小山曲的特色。如喜春來，齊天樂，清江引，朝天子，都可看出他落魄江湖，風流閒適的生活。

七、喬吉　字夢符，號笙鶴翁。美容儀，能詞章。原籍太原，流落杭州。以詩酒風月自適。發之於曲，灑脫淸麗。亦多雜劇散套之作。惟以小令見長。著有惺惺道人樂府。喬夢符小令。山坡羊冬日寫懷，綠麼遍自述，昇平樂悟世。充滿快樂的情緒，雖一生窮苦，但不作困苦的哀音。

八、劉致　字時中，號逋齋。江西南昌人。做過翰林待制，浙江行省都事等官。與張小山同時。現存小令六十餘首。大都清麗雅正。如滾繡球，倘秀才，叨叨令，寫窮苦民眾生活，可說是寫實的社會文學。

第三節　明代散曲

明初百年，散曲不甚盛行，涵虛子太和正音譜，列明初曲家十六人，然他們作品，百不存一，只有朱有燉誠齋樂府，鬱爲巨著，足稱一家，其曲當時流行甚廣。但文多庸濫，雖有豪麗語，亦未能臻於上乘。孝宗弘治以來，曲風漸盛，作者亦多，散曲作家，約可分爲南北二派。北派如王九思、康海、常倫、李開先、劉效祖、馮惟敏等。劉、馮爲之魁，南派如陳鐸、王磐、金鑾、沈仕、梁辰魚、沈璟、沈紹莘等，王磐、沈紹莘爲之魁。北派主豪放，南派尚清麗，風格大不相同。

北派散曲代表作家

一、康海　字德涵，號對山，陝西武功人。孝宗弘治狀元，授翰林院編修，散曲集有沂東樂府。

二、王九思　字敬夫，號敬夫，陝西鄠縣人。弘治進士，官郎中。散曲集有碧山樂府。康海黨劉瑾，及瑾敗，康坐廢，王九思，與康同鄉同官，亦被株連。兩人遭遇相同，志趣亦合。罷官後，連輿接席，徵歌度曲，胸中抑鬱，發之於曲，有粗豪之氣，是二人相同處。

三、常倫　字明卿，號樓居，山西沁水人。武宗正德間進士，官大理評事。以忤御史罷官。性豪爽，善騎射。年三十四渡河溺死。他的散曲，奔放豪邁，有寫情集二卷。

四、李開先　字伯華，號中麓。山東章邱人。世宗嘉靖進士，官至太常寺少卿，罷歸、治田產、蓄聲伎、詩歌豪放，尤工詞曲。散曲有李中麓樂府，中麓小令，與馮惟敏交厚。與馮有混江龍，對李極爲贊揚。

五、劉效祖　字仲修，號念菴，宛平人。嘉靖進士，曾任陝西按察副使，後罷歸，退居林泉。寄情翰墨，間爲詞曲，以抒其懷。他用白話作曲。掛支兒、雙疊翠、鎖南枝、都是寫得那樣通俗可愛。爲明曲別開生面。散曲有詞臠集。

六、馮惟敏　字汝行。號海浮，山東臨朐人。嘉靖舉人。官保定通判。後辭官歸，樂田園生活。散曲有海浮山堂詞稿。他的曲有四大特點。1取材多方。內容豐富。2氣度宏大，意境高妙。3運用土語，活潑可愛。4北方性格，表露無遺。他是明代第一流散曲作家。他最能得元曲精神，可與關馬前後媲美。

南派散曲代表作家

一、陳鐸　字大聲，號秋碧。原籍江蘇下邳，世居南京。武宗正德中世襲指揮，工曲，善畫，散曲最有名。著有梨雲寄傲，秋碧樂府諸集。閑情，醉東風。閨情，字句秀麗，可入弦索。

二、王磐　字鴻漸，號西樓，江蘇高郵人。著有王西樓樂府一卷。包括套曲與小令。他的作品，或譏時事，或詠山水，取材廣泛。如滿庭芳失雞，朝天子詠喇叭，諷刺時事，意頗深刻。

三、金鑾　字在衡，號白嶼，甘肅隴西人，僑居南京。散曲有簫爽齋樂府二卷。包括小令百餘首，套曲二十餘首。新水令送吳懷梅，與西六娘子閨情，有婉約清華之致。

四、沈璟　字伯瑛，號寧庵。吳江人。世稱詞隱先生。神宗萬曆甲戌進士。官光祿寺丞，罷官後放情詞曲，精研音律。著南九宮譜二十三卷。散曲甚多。集賢賓傷春，文辭甚爲工麗。

五、梁魚辰　字伯龍，崑山人。有江東白苧集，包括小令，散套。流行甚廣。夜行船，擬金陵懷古，文雅蘊藉，極爲優美。

六、沈仕　字懋學，號青門山人。浙江仁和人。工曲善畫。與馮惟敏同時。散曲有唾窗絨，包括小令套數百餘首。專寫色情，爲曲中的香奩體。如鎖南枝，黃鶯兒美人薦寢，寫的都很淫褻，而文筆則極清新。

七、施紹莘　字子野，自號峯泖浪仙，松江華亭人。工詞曲，精音律好聲色，爲一風流名士。散曲有花影集四卷。包括套曲八十六首，小令七十二首。多爲懷古、贈別、寫山水及詠瑣事等。豔曲亦多佳品，如閨詞、懷舊、旅懷、弦索、都好，而弦索又爲精彩。

第四節　清代散曲

明以後，曲呈衰疲現象。作者貴摹擬，少創造。較優者，如徐石麒之黍香集。朱彝尊之葉兒樂府，厲鶚之北樂府小令。吳錫麒的有正味齋集南北曲。許光治的江山風月譜。俱以小令見稱。他們宗張小山喬夢符，尙淸雅。朱厲二家，以詞人之筆，發淸雅之音。後人許爲「詞人之曲」。惟有趙慶熺的曲，豪放爽快，頗有元人本色。趙字秋舲，浙江仁和人。有香消酒醒曲一卷。能融元人北曲之法入南曲，數量雖不多，而成就寶大。所作泖湖訪舊圖一套，頗有自然的本色。鄭燮，徐大椿又有道情之作。鄭燮所作十餘首，寫漁農生活。徐大椿字靈胎，號洄溪，吳江人。作道情三十八首都是勸世之作。這些人都在試驗創造新體，寫得通俗眞實，沒有裝腔做勢的毛病。

第九章　戲　劇

第一節　概　說

戲劇的界說　戲劇是由演員在舞台上，藉客觀的動作，配合音樂歌舞，當著觀眾，表演一段感人的故事。

戲劇的起源　周頌裏，有很多舞蹈的音樂，擔任舞蹈的是巫覡，所以周頌裏的詩，可以看作戲曲最早的材料。王國維說：「歌舞之興，其始於古之巫乎」。巫善歌舞，以媚神娛鬼。楚國巫風最盛，後漢王逸說：「楚國南郢之邑，沅湘之間，其俗信鬼而好祠，其祠必作歌樂鼓舞，以樂諸神」。屈原九歌，即爲祭神歌舞之樂。九歌中的「靈」或「靈保」便是古代的巫覡。東皇太一：「靈偃蹇兮姣服」。東君：「思靈保兮賢姱」。靈的衣服形貌，舞蹈動作，皆有合於戲曲者。所以王國維說：「靈之爲職，或偃蹇以像神，或婆娑以樂神，蓋後世戲劇萌芽，已有存焉者矣」。由此可知戲劇起源於巫覡。

戲劇的演變　戲在上古，已胚胎於巫和廟堂舞頌。及人類進步，私有財產發達，人於娛神媚鬼外，又想到聲色之樂，於是假倡優侏儒以自娛。後世的俳優，實濫觴於晉的優施，楚的優孟。他們於歌舞之外，又加以調笑諷刺的滑稽動作。由此可見春秋之世，俳優已很盛行。秦有觳抵戲，史記李斯傳：「是時二世在甘泉方作觳抵優俳之觀」。裴駰注云：「觳抵卽角抵」。角牴之戲。至漢武帝時大盛。角牴雖係雜劇，然亦加演故事。魏明帝時，俳優之戲，不但演故事，且可以諷諫政事。晉之戲，一如魏戲，亦以調謔爲主。南北朝時，角牴戲仍甚流行，而樂曲則於此時大盛。北齊則合歌舞以演一故事。而北周的戲劇，則已有化裝，但還是帶唱帶做，不脫原始歌舞的形態。隋代的戲劇因襲前代，則無大變化，傀儡戲似乎已經有了。唐與五代間，戲劇名目繁多，有參軍戲，樊噲排君難等。唐代歌舞，以大曲爲最繁。宋代戲較唐爲進步。由獨唱變爲合唱，由合唱變爲對話。戲劇的名目也頗複雜。樂曲也更發達，仍以大曲爲主。宋人雜劇也稱雜戲，以演技蓼而得名。這種戲，很有滑稽諷諫的意味。南宋之時，金有院本。元明兩代則有雜劇與傳奇。元北曲的歌唱，和明初南戲的唱法已不可考。至世宗嘉靖末諸腔又與崑腔並峙。在崑曲未興以前，以海鹽腔爲最有勢力，及乾隆間崑曲大盛，至清末，皮黃漸興，代替了崑曲。

第二節　漢代戲劇

秦時已有角牴戲，漢武帝元封三年春，作角牴戲，三百里內皆來觀。東漢應劭說：「角者，角技也。牴者相抵觸也」。角技是指角力角技及射御比賽等。此時的角牴戲，較秦範圍擴大，連假面和歌舞，也都包括在內，所以角牴戲，也就後世的百戲。元帝初元五年，罷角牴戲，但已流傳民間。漢代有像人戲，漢書禮樂志載：「哀帝時，朝賀置酒前殿房中，有常從倡三十人，常從象人四人，詔隨常從倡十六人，秦倡員二十九人，秦倡像人員三人，詔隨秦倡一人」。這些人，或帶假面具，扮著魚蝦獅子之類的東西，或是歌舞，或是戲謔滑稽，以博君主貴族的歡笑。漢時又有傀儡戲，杜佑通典云：「窟礧子作偶人以戲，善歌舞，本喪家樂也。漢末始用之於嘉會」。但漢時之傀儡戲，如何表演，則不可考。

第三節　魏晉南北朝戲劇

魏代的戲。仍承漢代角牴餘風，無大進步。晉代的戲，見於趙書者有參軍戲，不演故事，專演時事，以調謔為主。比以前的傀儡戲。象人戲，稍有不同。唐代的參軍戲起源於此。從魏晉到南朝的優戲，沒有很大進步。北朝的俳優，能合著歌舞，表演一種故事。所表演的雖極簡單，但為現實社會的反映，不像漢朝那種裝禽獸玩木偶的粗俗把戲。這實是最大的進步。這種戲，有文獻可考者：1曰代面，代面始於北齊。北齊蘭陵王長恭，著假面以對敵，北齊人效為此舞，謂之蘭陵王入陣曲。2曰踏搖娘，北齊，有蘇鮑鼻者，本不仕，自號郎中，醉後毆妻，時人弄之，扮演蘇郎中毆妻故事。以其且步且歌，故謂之踏搖。此二戲都有歌有舞，且有故事，可為優戲的創作，與以前不同。3曰撥頭，由西域傳到中國，一名鉢頭。演胡人某為猛獸所殺。其子求獸報仇的故事。大概北齊時已有此戲。除此而外，漢魏以來的百戲。在南北朝及隋代很盛行，尤盛於北方。北魏太宗增修百戲，撰合大曲，而樂曲遂盛，大曲始於此。

第四節　唐代歌舞戲

唐代的歌舞戲，如代面、鉢頭、踏搖娘、參軍、仍襲前代。惟參軍戲，已有參軍與蒼鶻固定的角色。綠衣秉簡者日參軍椿。鵠衣髽髻爲蒼鶻。是較北齊已有進步。此外尚有樊噲排君難的創作。又作樊噲排闥劇，扮演項羽劉邦會鴻門故事。情節較代面踏搖媼爲複雜。唐代歌舞戲的發達，已止於此。而滑稽戲較爲進步。滑稽戲始於開元，盛於晚唐五代。滑稽戲與歌舞戲不同，滑稽戲以言語，諷刺爲主，隨意動作，隨時扮演。歌舞戲以歌舞爲主，演故事，應節舞蹈，一次扮演。五代的滑稽戲，仍和唐代一樣，可以自由謔弄，諷刺當路。

第五節　宋代戲劇

雜劇　宋承唐五代餘風，滑稽戲仍然盛行，在當時亦名爲雜劇，也稱爲雜戲。有白有唱名日雜劇，元雜劇之名本乎此。宋雜戲除滑稽外，又包括傀儡戲影戲。傀儡戲有懸絲傀儡、走線傀儡、杖頭傀儡、藥發傀儡、水傀儡、肉傀儡等。凡傀儡戲就是木偶戲，都是敷衍歷史故事的，與滑稽戲不同。影戲是宋以前所沒有的，初以素紙雕鏃，後以羊皮雕形，以彩色裝飾。這也是演故事的。此兩種戲，不但演故事，並且用形象表示出來，不過還是用人操弄。除此而外用人扮演的則有三種：1是驅儺，2是訝鼓，3是舞隊。這大概是民間流行的一種俗劇。

歌舞戲　宋代的歌舞戲，雖仍不能稱爲眞正的戲劇，但較之雜劇爲進步，它是配合樂曲歌舞言語動作，以表演一個故事。其組織與形式，已相當複雜。約可分爲三種：1轉踏，是用一種牌調重複作歌。有每首詠一事者。有多首合詠一事者。開始是一小股駢文，叫作勾隊詞。此後一詩一詞相間，詩爲七言，詞則用調笑令。最後以七絕放隊詞作結。還有隊舞，以隊爲單位，分小兒隊與女弟子隊，其隊各十，隊各有名。小兒隊七十二人。女弟子除一百五十三人，其服色與裝飾，俱合於隊的性質。演時場面偉大。多用於宮庭。2大曲；爲一曲多遍合樂合舞的舞曲。南北朝已有大曲之名。歷唐至宋而大盛。是宮庭的主樂。宋時以大曲的樂調表演一種故事。變成歌舞戲曲的性質。較以前以樂曲爲主的大曲，自然是進步了。宋王灼碧鷄漫志云：「凡大曲、有散序、靸、排遍、攧、正攧、入破、虛催、實催、衮徧、歇拍、殺衮、始成一曲、謂之大遍。而涼州排遍多至二十四段。大曲的組織如此複雜，可用於宮庭，而不便於民間，後世就大曲製詞者，類從簡省，而管絃家，又不願從頭至尾吹彈，於是大曲的遍數沒有一定，遂變成長短自由的形式了。3曲破，此爲最詳備之舞曲，始於唐五代，當時只偏於樂舞，到了宋朝，始借以表演故事。有念白，有化裝，有人指揮，有人表演，並且有男女合唱的場面，次序姿勢都很完備，可算是宋代舞曲中最進步者。在北宋時，大曲與曲破是完全不同的。到了南宋，這兩種樂，已混而爲一了。

講唱戲　講唱戲如現在的清唱。以歌唱與故事爲主，用音樂伴奏，雖有表情，但無跳舞。以其性質的不同，約可分爲三種：1鼓子詞，最初只是詞的重疊，以詠一事。如歐陽修的採桑子十一首，詠潁州西湖風景。又如趙令時的商調蝶戀花十二首，詠會眞記故事。他採用散文間歌曲，已由詞的重疊，進於戲曲化，這比採桑子較爲進步。2 諸宮調，以各種宮調中的各種曲調合成一套，歌詠一長篇疊故事。再連合許多套數成爲一整體，以散文歌曲夾雜組成。據碧鷄漫志，此爲神宗熙寧元豐間澤州孔三傳所製者。諸宮調底本，今多散佚。現存者，只有董西廂了。諸宮調，是由宋代大曲鼓詞步入元代雜劇的橋梁，是很值得注意的。3 賺詞，亦作唱賺，取一宮調之曲若干組成，在表面上略似諸宮調，亦可敘述故事。現存者已不多。戲劇至於南宋，組織擴大，音樂複雜，規模亦漸完備。劇本多至二百八十本，今皆散佚。

戲文　元周德清中原音韻云：「南宋都杭，吳興與切鄰，故其戲文，如昌樂分鏡等，唱念呼吸，皆如約韻」。可知戲文是起於南宋。宋末，由民間盛行京都。是戲文產生於元雜劇之前。明初，葉子奇的草木子云：「俳優戲文，始於王魁，永嘉人作之」。可知戲文是起於溫州民間，向北方發展，後人稱之爲南戲。宋人戲文可考者，有趙貞女蔡二郎，樂昌分鏡、王煥、王魁、陳巡檢梅嶺失妻五種。前二者蕩然無存。後三者，在明沈璟的南九宮譜中，存有一點詞曲，無從窺其全貌了。戲文是元明南戲的鼻祖，在中國戲曲史，是佔有重要地位的。

爨戲　爨是國名。宋微宗見爨國人來朝，裹巾傅粉，於是命優人模仿，皆用五色裝演，故叫五花爨。南宋周密武林舊事載有縣水爨，天下太平爨，百花爨等四十三種。

第六節　漢代戲劇

院本　南宋時，金國的戲有院本。明朱權太和正音譜云：「雜劇者雜戲也，院本者行院之本也」。行院爲妓院，院本爲妓女演唱之雜劇本，院本較宋雜劇爲進步。如雜劇二百八十本，用大曲的，有一百零三本。院本六百九十本。用大曲者，則僅十六本，是雜劇多採用古調，而院本則否。明陶宗儀輟耕錄云：「院本又謂之五花爨弄」。輟耕錄，載院本六百九十一種，分爲十一類。1和曲院本。2上皇院本。3題目院本。4霸王院本。5諸雜大小院本。6院么。7諸雜院爨。8衝撞引首。9拴搐豔段。10打略、拴搐。11諸雜砌。是院本亦係雜劇性質，名異而實同。故輟耕錄又云：「院本雜劇其實一也」。院本多散佚，今已不存。

第七節　元代戲劇

元雜劇的組織

一、折　雜劇之歌曲，以套曲組成。套曲則爲一宮調之多數曲調所成者。有十調，二十調，三十調不等。諸調曲詞，以一韻爲常例，以「收」「煞」「尾聲」作結。一套曲爲一折，一折是一幕的意思。每一雜劇，以四折爲通例。五折爲變例，亦有多至數十折者。四折之外，在劇前或各折之間，可加用楔子一次或二次。通例是四折加一楔子。楔子的用處，在作者之意，受四折之限制，尙有未盡時，可用楔子以補充之。所以楔子在雜劇中，是富有彈性的補充材料。

二、獨唱 雜劇每折歌曲，通例是一人獨唱，也有全劇四折，由一人獨唱到底者，但亦有例外，在楔子中，亦有由其他角色唱者。其中角色，只有「末」與「旦」爲歌唱者，男爲末，女爲旦。兩角在劇中皆屬正角，故稱「正末」與「正旦」，因有「末本」與「旦本」之稱。

三、賓白 明、姜南的抱樸簡記云：「兩人相說曰賓，一人自說曰白」。所以白是獨白，賓是對話。賓白就是台詞。台詞是元劇的一特徵。較之宋金舊戲，是進步的多了。

四、科 明徐渭南詞敍錄云：「科者、相見、作揖、進拜、舞蹈、坐跪之類，身之所行，皆謂之科」。科就是動作，元劇的動作，劇本都有說明。如某做見科、某哭科、某睡科。有各種動作，才能把全劇的故事情節，描繪得更眞切，以博得觀眾的同情。

五、腳色 雜劇中的角色。名目繁多。末旦主唱，故以末旦爲劇中男女主角。末有正末、副末、沖末、外末、二末，小末之分；旦有正旦、副旦、貼旦、外旦、小旦、大旦、老旦、花旦、色旦、搽旦之別。其餘則爲副員，如孤、卜兒、孛老、徠兒、邦老等稱。這些名稱不是角色的專名詞，是當時的通用語。如孤是官員。卜兒是老太婆。孛老是老頭子。徠兒是小孩子。邦老是強盜或流氓。名稱通俗，人人能懂。亦可增加表演的效能。

六、砌末 焦循的易餘籥錄云：「元曲殺狗勸夫，祗從砌末上，所謂埋之死狗也。貨郎旦，外旦取砌末付淨科，謂金銀財物也」。所以砌末是演戲中所用的東西。

七、散場　元劇本，末尾的題目正名，是幾句對話，前人說，那是白的一部份，屬於雜劇的整體。但元劇雜刋三十種，題目正名多寫在散場之後，這是摘取要旨，以表示全劇的總結，是與白無關係的。

元雜劇代表作家

元雜劇現存數目，各家統計頗不一致。據明朱權太和正音譜所載，元雜劇作家一百八十七人，有作品傳世者，只四十三家。王國維宋元戲曲史，著錄元雜劇一百十六種。時人吳梅元劇研究，著錄元錐劇一百一十九本。羅錦堂的現存元人雜劇本事考，著錄元雜劇一百六十一本。而羅氏考證頗爲詳盡。在元已滅金，宋尚未亡之時，雜劇作者輩出。以關漢卿王實甫白樸馬致遠爲翹楚，堪爲此時期代表作家，他們都是北方人。及元統一中國，北方貴族南下，雜劇隨著政治甫移，這時期的作家，大都是南方人。但代表作家，如鄭光祖喬吉宮天挺都是北方人僑居杭州者。至於南方作家則無甚出色，至正以後，雜劇呈衰頹現象。所以後來才有南方傳奇的興起。

一、關漢卿　號已齋叟，大都人。金末官太醫院尹，金亡不仕。作雜劇六十四種，今存者。救風塵、謝天香、金線池、蝴蝶夢、竇娥寃、望江亭、玉鏡台、拜月亭、調風月、西蜀夢、單刀會、陳母教子、緋衣夢、哭存孝、共十四種。竇娥寃則有法文日文譯本。他取材是多方面的，有的是喜劇，有的是悲劇，有的是公案。他的描寫。適合劇中人的身分，只有舍身處地，才能體驗得恰到好處，他不愧爲元代雜劇的第一家。

二、王德信　號實甫，大都人。生平不詳，與關漢卿同時。有雜劇十四種，今存者三種。有寫金國事的麗春堂。寫呂蒙正事的破窰記。而西廂記寫張生戀愛事，結構謹嚴，詞曲美麗，又盡哀豔之致。有法文日文譯本。

三、白樸　字仁甫，後改太素，號蘭谷，河北眞定人。生於金哀宗三年，好讀書，不求仕進。有雜劇十五種。今存者，有梧桐雨，寫明皇思貴妃，情極淒豔。牆頭馬上，寫男女自由戀愛故事。曲辭較梧桐雨爲通俗。

四、馬致遠　號東籬，大都人。浙江行省務官，生卒不詳。作雜劇十七種，現存者七本。黃粱夢、岳陽樓、任風子、陳摶高臥寫神仙故事。靑衫淚寫興奴改嫁茶商劉一郎故事。薦福碑寫士人的憤慨。而漢宮秋寫王昭君下嫁胡人，行至黑龍江番漢交界處，以酒向南澆奠，投江而死。爲含有民族意識之傑作。有英文日文譯本。

五、鄭光祖　字德輝，山西平陽人。以儒補杭州路吏。作雜劇十五種。今全存者，有倩女離魂、傷梅香、王粲登樓、周公攝政四本。倩女離魂有日文譯本。傷梅香有法文譯本。前二種寫戀愛故事。後二種寫歷史故事。詞藻豔麗，膾炙人口。

六、喬吉　字夢甫，號笙鶴翁，又號惺惺道人，太原人。生於世祖至元十七年，卒於順帝至正五年，僑居杭州最雜劇十一種。今存者有兩世姻緣，揚州夢二種。都是男女戀愛故事。取材結構，都甚平庸。

七、宮天挺　字大用，大名人。爲釣臺書院山長，卒於常州。有雜劇六種，現存者，只有范張鷄黍一種，見元曲選。文字清爽高深，別具一格，王國維說他「瘦硬通神、獨樹一幟」。

元代戲文　據明永樂大典目錄，徐渭南詞敍錄，沈璟南九宮譜，徐子室九宮正始等書所載。元戲文有名目可考者，一百五十餘種。有殘文可考者，三十餘種。永樂大典中，有張協狀元，小孫屠。宦門子弟錯立身，三種。由這幾種資料的研究，戲文在形式上音律上，和元代雜劇不同。這是宋代戲文的後身。明代傳奇的鼻祖。

第八節　明代戲劇

有明三百年中，雜劇傳奇作家。固不乏人，而能別開生面，獨樹一幟者，實不多得，後世論者，或譏其浮淺，或斥其迂腐，以視前代固爲遜色。

明初雜劇代表作家　明初雜劇仍在盛行，然已近尾聲，代表作家，有以下數家：

一、賈仲名　一作仲明至正永樂間人，籍隸山東。工詠吟。受燕王寵遇，後遷居蘭陵，自號雪水散人。所作雜劇共十四種。現存者，只有荊楚臣重對玉梳記。鐵拐李度金童玉女。蕭淑蘭情寄菩薩蠻。呂洞賓桃柳昇仙夢四種而已。

二、五子一　亦名汪元亨。所作雜劇。現存劉晨阮肇桃源洞一種。

三、劉東生　名兌，有金童玉女嬌紅記。寫申生與嬌娘戀愛故事。極爲深切。

四、谷子敬　金陵人，樞密院掾史，知醫明易，所作雜劇五種，只存呂東賓三度城南柳一種，此劇與仲名的鐵拐李，東生的嬌紅記，都含有道教色彩。

五、楊文奎　雜劇四種，現存者，只有翠紅鄉兒女兩團圓一種，見元曲選。

六、李唐賓　廣陵人，號玉壺道人。官淮南省宣使，所作只存李雲英風送梧桐葉一種。存元曲選。

七、朱權　寧獻王，太祖第十六子，封寧王、諡曰獻。涵虛子，丹邱先生，臞仙，都是他的別號。有雜劇十二種，散佚無存，遺有太和正音譜二卷。

八、朱有燉　周憲王。仁宗洪熙初封周王，是周定王長子，諡曰憲。所作雜劇，總名誠齋樂府。現存者有二十五種。列朝詩集，評誠齋諸作云：「音律諧美，流傳內府，至今中原絃索多用之」。

九、康海　字德涵，號對山，武功人。孝宗弘治十五年狀元。授翰林院修撰。有中山狼一劇。相傳爲康海譏李夢陽而作。

十、王九思　字敬夫。號渼陂，陝西鄠縣人。弘治丙辰進士。授檢討。有中山狼院本，及杜子美沽酒遊春一本，盛明雜劇作曲江春。相傳此劇譏李西涯而作。罵杜甫即所以罵西涯。

十一、徐渭　字文長，一字文淸，號靑藤道士，天池山人，有時署田水月。浙江山陰人。有四聲狼雜劇。他是明代雜劇中之傑出者。王驥德評他的雜劇云：「吾師徐天池先生，所作四聲狼，而高華爽俊，穠麗奇偉，無所不有，稱詞人極則，追躅元人」。

明代傳奇

一、傳奇的起源　元代中葉以後，雜劇南移，南戲受其影響，漸加改良。王世貞云：「王應稍能作新體，號為南曲，高則誠則掩前後」。據此則南戲之改良始於王應，完成於高則誠。惟王應作品，未能傳世。南戲經過改良後，形體始告完成。明初南戲稱為傳奇、如拜月、琵琶、均為代表作品。傳奇二字，唐宋人以稱短篇小說，元代有甩以稱戲曲者。專指南戲，則見於小孫屠。及宦門子弟錯立身的戲辭中。到了明代，傳奇為南戲之專稱。南曲戲文這個名辭就被廢了。時人陳萬鼐君，著元明清劇曲史，以傳奇的體例與組織，是由印度輸入的，曾列舉五事，推論精到，這是新的發明。

二、傳奇與雜劇之不同

1 組織的不同

▲雜劇每本限四折，傳奇則不限齣數，每齣必有題目。

▲雜劇每折限用一官調一韻到底；傳奇每齣無一定宮調，可以換韻。

▲雜劇每折一人獨唱，傳奇可以獨唱對唱合唱。

▲雜劇多用楔子，傳奇則無楔子，在第一齣，名曰開場或家門，以說明全劇大意。

▲雜劇篇末，均有題目正名，傳奇則只有下場詩。

2 樂器的不同

▲北曲以琵琶爲主，重在絃索；南曲則以鼓板爲主，軍在板眼。

3 音調的不同，見明魏良輔曲律

▲北主剛勁，南主柔媚。

▲北字多而調促，促處見筋。南字少而調緩，緩處見眼。

▲北宜和歌，南宜獨奏。

4 名稱的不同

▲北曲一幕曰一折。南曲曰一齣。

三、元明間傳奇代表作家 元明之際的作家，自元英宗至明惠帝凡一百年間，拜、琵、劉、荊、殺、五大傳奇，是最負盛名的。

1 拜月亭 元施惠作。施字君美，杭州人。王國維以爲拜月亭之佳處，實出於關漢卿之閨怨佳人拜月亭。全戲寫金時蔣世隆與妹瑞蓮，及尚書之女王瑞蘭離合事。

2 琵琶記 元高明作。高字則誠，浙江瑞安人，或作平陽人，二縣均屬浙江溫州府。高爲元末至正四年進士。授處州錄事，辟丞相掾。後旅居鄞之櫟社，太祖聞其名召之，以老病辭還，著琵琶記，寫蔡邕妻趙五娘孝道節義事。琵琶記之作者，明，蔣一葵的堯山堂外記，王世貞的藝苑卮言，皆主高拭作。然溫州府誌有云：「高明字則誠，旅寓鄞之櫟社沈氏樓。因作琵琶記」。是作琵琶記者，自爲永嘉之高明。

3白兔記　作者佚名。爲元明之際的民間作品。寫富家女李三娘嫁劉知遠，懷孕後，知遠從軍，三娘兄逼其改嫁，不從。後三娘於磨房生子，曰咬臍郎，鄰翁憐之，送子於知遠，及子長大，一日出獵，逐白兔，遇其母，乃迎歸之，全家得以團圓。

4荊釵記　清高奕傳奇品云：「是元柯丹邱所作」。清黃文暘曲海。也如此說。王國維曲錄，作明寧獻王撰。徐渭南詞敍錄，有荊釵記兩本。「一爲宋元間無名氏舊篇。一爲明初李景雲撰」。如此則此戲作者很難確定，大概是元末明初作品。全戲寫宋人王十朋孫汝權對於錢玉蓮的婚姻糾紛，王錢訂婚以荊釵爲禮，故名。

5殺狗記　明徐㽦作。徐字仲由，淳安人。洪武初徵秀才。他自己說：「吾詩文未足品藻，惟傳奇詞曲，不多讓古人」。殺狗記，是據元無名氏殺狗勸夫雜劇而作。寫孫榮受人唆撥。疏其弟華，榮婦楊氏，設計殺狗以勸其夫，使榮兄弟和好如初。

四、盛明傳奇代表作家　從永樂到明末，爲傳奇極盛時期。作家輩出，作品繁多。難於備述，茲舉其要者。

1邱濬　字仲深，廣東瓊山人。景宗景泰五年進士，官至文淵閣大學士，卒於孝宗弘治八年，有傳奇四種：投筆記、舉鼎記、羅囊記、五倫全備記。魏仲雪曲品云：「投筆詞平常，音不叶，俱以事佳而傳耳」。又云：「五倫，大老鉅筆，稍見迂腐」。投筆記，寫班超從戎，遠征西域事。舉鼎記，只是鈔本，寫秦穆公欲併諸國，行鬪寶會於臨潼，幸伍子胥舉鼎，展雄助力，眾諸侯始得脫身。羅囊記是以羅囊爲線索的一部戀愛劇。現已不存。五倫全備記，是寫五倫全，五倫備。兩位兄弟忠孝節義之事。

2 邵璨　字文明，宜興人，或作常州人。著有香囊記。寫宋時張九成九思兄弟，以忠諫忤當道得罪事。由品云：「調防近俚，局忌入酸，選聲盡工，宜騷人之傾耳，採事尤正，亦嘉客所心賞」。藝苑巵言云：「香囊雅而不動人」。邵璨不僅在詞句上雕琢，而在說白中，還搬弄故典，道學習氣太深。所以徐渭云：「以時文爲南曲，元末國初未有也，其弊起於香囊記。邵文明習詩經及杜詩，以二書語句勾入曲中，賓白亦文語。又好用故事作對子，最爲害事。夫曲本於發感人心，歌之，使奴童婦女皆曉，乃爲得體，經子之談，以之爲詩且不可，況此等乎。直以才情欠少，未免湊補成篇，吾意與其文而晦，曷若俗而鄙之易曉也」。這是很客觀，很確切的批評。

3 王世貞　字元美，號鳳洲，又號弇州山人，太倉人。嘉靖進士，官刑部尚書，著鳴鳳記傳奇。寫嚴嵩誤國，殘害忠良，楊繼盛死節的故事。

4 湯顯祖　字義仍，號若士，又自號清遠道人。江西臨川人。萬曆十一年進士。官禮部主事，後遷遂昌知縣。所著傳奇，有還魂記卽牡丹亭，邯鄲記、南柯記、紫釵記，合稱四夢。又有紫簫記，共五種。王驥德評其曲云：「臨川尙趣，眞是橫行，組織之工幾與天孫爭巧，而屈曲聱牙，直令歌者齚舌」。湯常說：「予意所至，不妨拗折天下人嗓子」。湯之不譜曲譜，任意用韻。由此可知。又清梁廷枏云：「玉茗四夢，牡丹亭最佳，邯鄲次之南柯又次之，紫釵則強弩之末耳」。此批評亦甚切當。茲將五種傳奇作一概述。

▲還魂記寫杜麗娘與柳夢梅夢中戀愛成婚，死後復活同居的故事。

▲南柯記，本於唐，李公佐的南柯太守傳。寫淳于棼與蟻國公主戀愛成婚，公主病卒，失意還鄉的幻夢。後淳于棼皈依佛法，得與公主重聚，苦意修行，終成善果。

▲邯鄲記，本於唐，沈既濟的枕中記。寫盧生夢中的榮華憂患，均爲幻虛，後乃大悟，入山修道。

▲紫釵記，本於唐、蔣防的霍小玉傳，寫小玉失戀而死。原爲悲劇，但又以與情人李益團圓作結。

▲紫簫記，寫霍小玉既嫁李益，益到朔方從軍，同年七月，益歸歡聚。

5 沈璟　字伯英，號寧庵，又號詞隱，吳江人。神宗萬曆甲戌進士，官至光祿寺丞，精音律，所著南九宮譜，南詞選韻，爲南曲立一標的。作傳奇十七種，合稱屬玉堂傳奇。但大都未刻之稿，故多散佚。其中義俠記是最有名的一種。存六十種曲中，描寫武松諸節太平庸，不及水滸之生動。沈重律不重曲，是格律派的宗師。沈德符顧曲雜言說他：「恪守詞家三尺，如庚、清、眞、文、桓、歡、寒、山、先、天、諸韻最易互用者，斤斤力持，不稍假借。可稱度曲申韓」。沈伯英重音律湯臨川尚趣。兩人主張不同，在當時形成吳江玉茗兩派對峙的局面。

6 阮大鋮　字集之，號圓海。一號石巢。安徽懷寧人。萬曆四十四年進士，官兵部尚書，明亡降清。阮著有燕子箋，春燈迷，牟尼合，雙金榜。這所謂石巢四種。又有忠孝環，桃花笑，井中盟，賜恩環四種，已不傳。以燕子箋爲最有名。寫唐時霍都梁，與麗飛雲，離奇結合故事。

7 吳炳　字石渠，號粲花主人，江蘇宜興人。萬曆四十七年進士，崇禎中歷官江西提學副使，永明王即位任戶部尙書，兼東閣大學士，明亡殉國。著有綠牡丹，畫中人，西園記、情郵記、療妬羹。合刋曰粲花五種。這些作品，都是用美麗的詞句，寫男女間的故事。

五、崑曲　南戲盛於江南，由地域之不同，腔調因而各異，海鹽人楊梓創海鹽腔，當時又有弋陽腔流行兩京湖廣之間，除兩腔外，又有流行於江浙之餘姚腔，以及吳中之崑腔。世宗嘉靖中，崑山人魏良輔改良崑山腔。又得吳中老曲師袁髯，尤駝的合作，才把崑山腔改良成功。著曲律一書。於是弋陽腔，漸爲崑腔所壓倒。沈德符云：「自吳人重南曲，皆祖崑山魏良輔，而北詞幾廢」。

1 梁辰魚　字伯龍，崑山人。好任俠，不屑就諸生試，嘉靖間，李攀龍、王世貞皆折節與交。雅善詞曲。曾作紅線雜劇。與魏良輔同邑。時魏改良崑曲成功，梁起而效之。考證元劇，自翻新詞。作浣紗記一劇，凡四十五齣。寫范蠡犧牲愛人西施以亡吳，吳亡後，范蠡西施偕隱的故事。清朱彝尊云：「傳奇別本，弋陽子弟，可以改調歌之。惟浣紗記不能，固是詞家老手」。可知浣紗記爲崑腔之模範作。

第九節　清代戲劇

清代戲曲，可分爲四大期，順康之際爲始盛時期。吳偉業，尤侗等，所作務崇雅正。雍乾之際爲全盛時期。蔣士銓、楊潮觀等，各有名篇傳誦。降及嘉咸、流風未泯，爲次盛之期。然舒位、石韞玉、麗而弗秀、新而不遒。

一、清代雜劇代表作家

1 吳偉業　字駿公，號梅村，別署灌隱主人，江蘇太倉人。崇禎四年進士，累官翰林院編修，南京國子監司業，福王時拜少詹事，與阮大鋮馬士英不合。辭官歸里。明亡降清爲國子監祭酒。所作雜劇有臨春閣，通天台二種。臨春閣寫女節度使洗夫人，及陳後主張麗華事。通天台寫梁元帝時，左丞沈炯事。二劇皆爲歷史戲劇。

2 尤侗　字同人，後改名展成。號悔庵，又號艮齋。江蘇長洲人。康熙十八年，試鴻博列二等，授檢討。所作雜劇，有讀離騷、弔琵琶、桃花源、黑白衞、清平調五種。讀離騷，譜屈原事，把天問、卜居、九歌、漁父、招魂、組織成曲。桃花源、譜陶淵明事。以歸去來辭起，以作詩自祭，入桃源洞成仙爲止。弔琵琶、譜王昭君事。黑白衞是比較出色的一種。清平調一名李白登科記，譜李白中狀元事。

3蔣士銓　字清容，一字心餘，號苕生，又號藏園，江西鉛江人。乾隆二十二年進士。官編修。有忠雅堂集。在他紅雪樓九種曲中，以一片石，第二碑，四絃歌，三種雜劇流行最廣。一片石寫彭青原爲婁妃立墓石事。第二碑又名後一片石，寫阮龍光讀一片石後，爲婁妃廓清墓道，封樹門坊。四絃秋以白居易的琵琶行爲本事，是他雜劇中出色的作品。

4楊潮觀　字宏度，號笠湖，無錫人。乾隆元年舉人。任四川邛州知州。自寫短劇，每一折成，即付伶人。所著吟風閣雜劇三十二種。每種卷首附小序，自序作劇之旨。一折的雜劇，到了他才集其大成。三十二種的本事，與其作意，都可從小序中見之。

5舒位　字立人，號鐵雲，大興人。生於乾隆三十年。卒於嘉慶二十年。二十四中舉會試屢不第，遂絕意仕進。他的瓶笙館修簫譜，是包含四種：1卓女當爐，寫司馬相如與文君開酒店事。2樊姬擁髻，寫伶元與樊姬讀飛燕往事，當戒色淫。3博望訪星，寫張騫溯黃河至天河，訪問牛郎織女。4西陽修月，以月中吳剛奉嫦娥命，督理諸仙修理月缺事。

6石韞玉　字執如號琢堂，吳縣人。乾隆庚戌進士，官山東按察使，卒於道光十七年。作雜劇花間九奏，包含九種：伏生授經，羅敷採桑，桃葉渡江，桃源漁父，梅妃作賦，樂天開閣，賈島祭詩，琴操參禪，對山救友。石是一位道學先生，所寫雜劇，有時不免庸腐枯澀之弊。

二、清代傳奇代表作家

1李玉　字玄玉，吳縣人。所作笠菴傳奇共三十三種。以一捧雪、人獸關、永團圓、占花魁，四種爲最佳。論者把一、人、永、占，媲美於湯氏四夢。一捧雪寫莫懷古以一捧雪杯招禍。人獸關寫施濟憐郇桂薪的故事。永團圓寫蔡文英與江蘭芳離合的故事。占花魁寫宋末賣油郎秦鍾與莘瑤琴離合的故事。

2李漁　字笠翁，浙江蘭溪人。或作錢塘人。少遊四方，晚年住西湖邊，號湖上笠翁。作曲十六種。流行最廣的，有奈何天，比目魚、蜃中樓、憐香伴、風箏誤、愼鸞交、鳳求凰、巧團圓、玉搔頭、意中緣、十種。笠翁作曲，偏重於戲，淺近通俗，文士多鄙之，然爲演者所歡受。在他的閒情偶寄中，對戲劇理論，闡述頗詳。他是戲劇作家，又是戲劇理論家。

3孔尚任　字季重，號東塘，又號云亭山人，曲阜人。官戶部郎中。爲孔子第六十四代裔孫。有小忽雷及桃花扇二劇。而桃花扇又爲不朽之作。此劇爲四十齣。以侯方域與秦淮河名妓李香君爲主角，寫明亡國之恨。爲極有價值的歷史戲劇。

4洪昇　字昉思。號稗村，錢塘人。爲相國黃機的孫女婿。長於音律。生於順治二年。康熙四十三年，在吳興潯溪舟中飲酒墜水死，所作傳奇，除長生殿外，有迴文錦、四嬋娟、錦繡圖、鬧高唐、節孝坊、沈香亭、以長生殿爲最有名。長生殿是據白居易的長恨歌，及陳鴻的長恨歌傳而作。

三、清代亂彈

1 亂彈的起源　自明世宗嘉靖間，至清世宗雍正末，二百餘年間，南戲崑腔壓倒北詞，獨擅勝場。乾隆間，戲又分花雅兩部。雅部卽崑山腔，花部爲京腔、秦腔、弋陽腔、梆子腔、羅羅腔、二黃調、統謂之亂彈。此時雅部，漸趨衰落，花部代替雅部的地位。這因爲南戲戲詞典雅，未覩本文，聽者茫然。而亂彈文字諧俗，聲音自由，扮演滑稽，容易取得觀眾的歡迎。又因當時的伶工，如京班的八達子，白二，蜀伶魏三，都是出色當行，爲朝野人士所推重，於是亂彈勃然而興。這是時代所趨，不可遏止的。

2 亂彈的腔調

▲弋陽腔起自江西弋陽。本古於崑腔，但嘉靖間，又告絕跡。萬曆間，經過譚綸的修改：才慢慢復興。

▲高腔是由弋陽傳到河北的高陽，演變而成。與現在流行於四川河南陝西的高腔都不相同。起初所謂高腔，大概是指高陽的高腔而言。

▲京腔，舊日的弋陽腔，淺陋猥瑣，流入京師後，經有識者的潤色，變爲一種京調。

▲秦腔亦稱琴腔，是陝西的土戲。其源或出於甘肅。乾隆間傳到北京。據蘭燕小譜

所載：「蜀伶新出琴腔。即甘肅調，名西秦腔，不用笙笛，以胡琴爲主，月琴副之」。至今尤盛。

▲梆子腔，歐陽予倩，在談二黃戲一文中說：「梆子腔屬弋陽腔的龍吟調，又稱吹腔」。現存皮黃中，又有南梆子。北京戲園中所唱的梆子是京梆子，山西原有勾腔一種，所用樂器是碗琴，與今山西梆子相同。所以山西梆子，大概由勾腔而來，似非由秦腔變的。

▲二黃，張祥珂的偶憶編云：「戲曲二黃調，始自湖北黃岡黃陂二縣」。此後盛行兩湖安徽及兩廣之間。又稱湖廣調。

▲西皮，張亨甫金台殘淚記云：「亂彈卽弋陽腔，南方又謂下江調。謂甘肅腔曰西皮調」。如此說來，西皮是甘肅腔的別稱。揚州畫舫錄上云：「安徽之花部，合京秦二腔，其班日三慶」。安徽的伶人習秦腔最好。西皮與秦腔相類，亦徽伶之所長。晚近把二黃西皮相合，稱爲皮黃調。

除以上所述外，又有羅羅腔、繃繃戲、花鼓、柳腔、灘簧、文戲、和浙江的越劇，都在盛行。亂彈的腔調，大都是南戲，由土音改變而來。亂彈是總稱。因爲它不依崑曲的矩矱，所以稱爲亂彈。日本青木正兒，把以上諸腔列爲一表，於此表中，可見其遞變之跡。

弋陽腔（江西）——京腔（北京）、高腔（河北）

梆子腔（江南）——南梆子

勾腔（山西）——山西梆子

甘肅調——西秦腔（陝西）——西皮

二黃（湖北）——

（西皮、二黃）——京調（皮黃）北京

3 亂彈的曲本

咸同以來，亂彈以皮黃爲主流，其所演劇本尚可考者。綴白裘有三種。及散齣六十二種。燕蘭小譜有：三種及散齣十九種。花部農譚有六種。劇說有五種。聽春新詠有散齣十七種。光緒初年，余治，有庶幾堂今樂，收皮黃曲本四十種。又有李世忠編印梨園集成收皮黃四十六種。現今通行的戲曲，有五百齣之多。皮黃盛於北京，規模完備。各處演皮黃者，若不合其規範，叫做外江派。楊四立創外江派，又在上海自編新戲。所以又名海派，皮黃到了海派出現，已走到衰落地步。將有新藝術代替他，這要看大眾的要求，和世界戲劇的趨勢如何了。在皮黃流行的時候，話劇也在滋長，正期待它的茁壯。

第十章　小說

第一節　概說

小說的界說　小說是「小家珍說」也就是小家瑣碎之說。把街談巷語及故事，寫成含有幽默諷刺等意味的文章，以資消遣，這叫做小說。

小說的起源　上古時代。人類缺乏科學知識，對自然現象無從瞭解，於是用想像力，臆造許多神話，以像徵宇宙的奧秘與偉大。而這些神話，以神爲主，謂之神化的神話。如列子湯問篇，女媧氏鍊石補天的神話。藝文類聚引徐整的三五歷記，盤古開天闢地的神話。山海經西王母豹尾虎身長嘯的神話。其後神化的神話，漸漸演進爲大化的傳說。如離騷少皞爲西皇，舜爲九嶷神的故事。淮南子的本經訓，堯使羿射九日的故事。穆天子傳，周穆王駕八駿馬西征犬戎，得見西王母的故事。這些神話中的少皞、堯、舜、羿，不是神，而是人。而西王母也完全人化。這些人化式的傳說，已由想像接近現實。故神話與傳說，實爲小說之濫觴。此小說起於神話之一說。周秦之際，國家設官，採民間風俗。報告政府。這些報告，就成了小說。這等人叫做稗官。稗是小的意思，稗官就是小官。班固說：「小說家者流，蓋出於稗官」。所以後人稱小說家爲稗官。也稱小說爲稗史。此小說出於稗官之又一說。

小說的演變　莊子外物論云：「飾小說以干縣令，其於大道亦遠矣」。荀子正名篇云：「故智者，論道而已矣，小家珍說之所願，皆衰矣」。所謂小家珍說，是指小家瑣碎之說，非關治不火道。莊荀對小說如此的輕視。東漢桓譚新論云：「若其小說家。合叢殘小語，近取譬喻，以作短書，治身理家，有可觀之辭」。桓譚認爲小說。已有相當價値。漢書藝文志小說類，敘云：「小說家者流，蓋出於稗官，街談巷語，道聽塗說者之所造也。孔子曰『雖小道必有可觀者焉，致遠恐泥，是以君子弗爲也』。然亦弗滅也。閭裡小智者之所及，亦使綴而不忘，或如一言可采。此亦芻蕘狂夫之議也」。班固把子夏之言誤爲孔子。他又說：「諸子十家，其可觀者，九家而已」。班氏把小說從十家中剔出，雖仍不免輕視小說。但未完全否定小說的價值。而隋書，與舊唐書的經籍志，以及紀昀的四庫全書總目提要，對小說的輕視，則一向未嘗改變。所以一般小說家，亦不以寫小說爲榮，而故隱其名。及明代李贄則極力推重小說，他說：「三國演義及水滸兩書，爲傑出文章」。清金聖歎說：「天下文章。無有出水滸右者，天下之格物君子，無有出施耐庵右者」。梁任公說：「小說具有熏、浸、刺、提、四種不可思議的支配人道的力量」。他們，都在強調小說的重要，一洗古人陳腐之見。至五四運動文學革命，胡適文學改良芻議中，提高小說在文學上的地位。自此以後，小說成爲文藝的主流，與詩歌散文並列，成爲百世不祧之大宗。

第二節　周秦小說及寓言故事

漢書藝文志，小說類，列小說九種；伊尹說二十七篇。鬻子說十九篇。周考七十六篇。青史子五十七篇。師曠六篇。務成子十一篇。宋子十八篇。天乙三篇。黃帝說四十篇。以上九種。共二百五十七篇，都爲周秦間作品。已亡佚。此外，又有山海經，穆天子傳，作者雖不可考，大都爲周秦作品。如此則在周秦時，已有小說專書。而在古書中，亦可找到類似小說的寓言故事。如孟子的「齊人妻妾」。及「宋人揠苗助長」。禮記檀弓篇的「苛政猛於虎」。戰國策秦策之「楚人有兩妻者」。魏策之「惠子說田需」燕策之鷸蚌相爭。以及呂氏春秋察今篇的「刻舟求劍」。韓非子，五蠹篇的「守株待兎」。難勢篇的「矛盾」。莊子馬蹄篇之「伯樂治馬」。逍遙遊篇的「鯤鵬」。秋水篇的「河伯與海若」。這些寓言故事，對於後世小說影響極大。

第三節　兩漢小說

漢代小說，糝合了不少的神話成分。漢書藝文志，著錄西漢小說，封神方說十八篇。待詔臣饒心術廿五篇。待詔臣安成未央術一篇。臣壽週紀七篇。虞初週說九百四十三篇。百家一百三十九卷。六種共一千一百三十三篇。今皆亡佚。劉向輯有小說五種：1說苑，記周秦漢故事。2新序，內容似說苑。3列女傳，記女子故事。4世說，百家，二書已亡。東方朔撰神異經一卷，十洲記一卷。乃仿山海經之志怪。班固撰漢武故事一卷。漢武內傳一卷。郭憲撰漢武洞冥記四卷。都是侈談神仙故事。漢人小說，除神話故事外，劉歆的西京雜記，記西漢雜事。伶玄的飛燕外傳，記趙飛燕姊妹事。邯鄲淳的笑林，記當時流行的笑話，又有雜事秘辛，記後漢順帝選閱梁冀妹，及冊立爲后事，這都是些瑣事雜記。

第四節　魏晉南北朝小說

魏晉南北朝的神怪小說。仍存有漢代遺風。又因佛教的影響，小說題材，除神怪外，又加添一些因果虛無之說。同時老莊之學，亦在盛行，所以又有清談小說的產生。但清談小說多為實錄，與神怪小說出於臆造者不同。這時期的小說，由記錄進而為描寫，唐代的傳奇即胚胎於此。

一、魏晉小說

1 博物志　張華撰。凡十卷。史稱張華著博物誌四百卷，類記異境奇物，及古代瑣聞雜事，進於魏武帝，帝令刪其蕪雜。分為十卷。

2 搜神記　東晉干寶撰。凡十卷。寶父婢女死十餘年復生，寶兄亦死後復生，乃有感。集撰古今神祇靈異人物之變化為搜神記。

3 後搜神記　相傳陶潛撰，凡一卷。內容與搜神記似。

4 拾遺記　王嘉撰。凡十九卷。王為道家，寫伏羲以來異事，前世奇詭之說。今存十卷。

5 此外，如曹丕的列異傳，荀氏的靈鬼志，戴祚的甄異傳，祖臺的志怪，孔氏的志怪，謝氏的鬼神列傳。殖氏的志怪記，曹毗的志怪，郭季產的集異記，王浮的神異記。以上各書雖佚，而遺文散見他書，一兩則，或十則不等。

6除神怪小說外，又有清談小說，如東晉裴啓的語林九十卷，隋時亡佚。今存一百七八十則。郭澄的郭子一作郭玄三卷，原書早佚，佚文八十餘則，見他書。與語林風格相同。

二、南北朝小說

1世說新語　宋劉義慶撰。凡八卷。爲清談小說。輯後漢迄東晉士大夫雋語逸行。頗饒風趣。今本三十六篇，爲宋晏殊所刪定者。唐寫本，殘存第十門至第十三門，刋於宋本卷首。

2異苑　宋劉敬叔撰，今存十卷。多記鬼怪事。

3冥祥記　齊王琰撰。凡十卷。記古今佛像的靈跡及佛法的神異故事。

4述異記爲梁任昉作，沿用祖沖之書名。爲鬼怪小說。

5續齊諧記　梁、吳均撰。凡一卷。吳續東陽无疑的齊諧記而作。文思奇詭，爲志怪小說之佳品。

6小說　齊、殷芸撰。凡三十卷。至隋僅存十卷。今則散見於他書，約一百三十餘則。采周秦迄南齊間的舊聞軼事，間雜述異志怪。以小說名書自芸始。

7宋劉義慶的幽明錄三十卷。宣驗記三十卷。宋東陽无疑的齊諧記七卷。梁沈約的俗說三卷。虞通的妬記。雖均已早佚，但遺文尚散見他書。餘如宋祖沖的述異記十卷。梁金紫光祿大夫顧協的瑣語一卷。梁南臺治書伏棰的邇說一卷。無名氏的小說五卷。則均早亡佚，已不可考。

8關於笑話的故事，無名氏的笑苑四卷。楊松汾的解頤二卷。隋侯白的啓顧錄二卷。雖佚，而散見於廣記者甚多。

第五節　隋唐傳奇

周秦兩漢魏晉南北朝的小說，文筆質樸，故事簡單，爲的是記錄見聞，不是有意作小說。這時期的小說，甚類後世的筆記。唐人的傳奇，或出自虛構，或出自傳說，對於故事情節的變化，文章詞藻的修飾，無不力求其委婉逼眞，典雅美麗。所以宋洪邁的容齋隨筆云：「唐人小說不可不熟，小小事情悽惋欲絕，洵有神遇，而不自知」。明胡應麟的筆叢云：「變異之談，盛於六朝，然多是傳錄舛訛，未必盡幻設語，至唐人乃作意好奇。假小說以寄筆端」由此，可以看出傳奇的價值與特色。傳奇的取材。是多方面的，凡是神話，戀愛，俠義的故事。及前朝的軼事遺聞，無不廣爲蒐羅。納之於文。而其所以稱爲傳奇者，欲將劍俠戀愛神怪的奇事。筆之於書，傳之後世。故稱日傳奇。以傳奇名書，則始於唐裴鉶的傳奇三卷。後世乃以傳奇二字，代表唐人的小說。以傳奇名書，雖始於裴鉶，但在裴以前，已有傳奇之作。太平廣記，有隋唐間的王度古鏡記，唐初佚名的白猿傳，都是很早的傳奇。又有張文成的遊仙窟，已是武后時的產物。傳奇在唐初期是少見的，代宗大曆以後，才有大量作品出現。明清的劇本，也稱爲傳奇，如長生殿、桃花扇、都叫傳奇。但這是韻文，爲戲劇，和唐人的傳奇小說不同。這大概因爲金元而後的戲曲，多採用唐人傳奇中的故事，所以也稱戲曲爲傳奇。

傳奇的體制

一、是短篇的，文言的。

二、每篇幾百字，或一二千字。

三、每篇敘述一個故事，以神仙妖怪才子佳人武士俠客爲主要人物。

四、篇中故事，多出臆造。

隋唐傳奇的分類

一、神怪類

1古鏡記　隋、王度撰。自述得寶鏡於汾陰的奇士侯生，能除邪魅，其弟勣借寶鏡防身，殺鬼怪甚多。及勣還河東，寶鏡飛去。

2白猿傳　作者佚名。寫梁將歐陽紇妻，爲白猿所劫，紇探猿穴，殺猿，得其妻，已有孕，生子肖白猿，後紇爲陳武帝所殺，江總收養其子。

3柳毅傳　唐、李朝威撰。寫柳毅爲龍女傳書，柳毅得寶致富，龍女嫁之。後隨龍女，入洞庭仙去。爲元，尙仲賢戲曲柳毅傳書，及淸李漁戲曲蜃中樓所本。

4任氏傳　唐、沈旣濟撰。寫鄭六之子戀一狐，情甚篤，同居如夫婦，後狐爲犬噬死，鄭子贖而葬之。

5枕中記　唐、沈既濟撰。寫盧生在邯鄲逆旅中，遇道士呂翁授以枕，夢娶美婦舉進士，為宰相，壽八十而終。為明湯顯祖劇曲邯鄲記所本。

6李章武傳　唐、李景亮撰。寫李章武戀一美婦，婦死後魂復相會，並贈靺鞨寶以為紀念。

7人虎傳　唐、李景亮撰。寫名士李微忽化為虎，後同榜袁傪，遇徵於途中，徵以孤弱相託，並囑傳其遺文。

8古嶽瀆經　唐、李公佐撰。寫古楚州刺史李湯，於龜山得水獸。後公佐泛洞庭，登包山，於石穴間，得古岳瀆經八卷。始知李湯所見獸，乃淮渦水神，名無支祈，為禹時庚辰所制，以鎮淮水者。

9南柯太守傳　唐、李公佐撰，寫東平、淳于棼，醉寢夢入大槐之國，為蟻國之壻，治南柯郡，之一夢。為明湯顯祖劇曲南柯記所本。

10盧江馮媼傳　唐、李公佐撫。寫馮媼夜夢董江之先父母向其亡妻索物，以授新人。媼以夢詢之鄉人。董江果於是日娶妻。聞者皆感歎。

11三夢記　唐白行簡撰。寫異夢有三，一為彼夢有所往，而此遇之者；二為此有所為，而彼夢之者；三為兩夢相通者。

12 周秦行記　舊題爲牛僧孺撰。實爲李德裕門人韋瓘假牛僧孺之口氣而作者。其中以代宗皇后爲沈婆，戲德宗爲沈婆兒，及以身與帝王后妃冥遇，皆非人臣之道。欲借此誣陷牛僧孺，而中傷之。

13 湘中怨辭　唐、沈亞之撰。寫鄭生戀一艷女，同居數年。女善作怨辭，自稱爲湘中蛟宮娣，謫期滿，涕泣別，十餘年後，生登岳陽樓，遙望女於畫船中，俄而風濤作，女亦不見。

14 異夢錄　唐、沈亞之撰。寫邢鳳夢見美女吟詩之事。

15 秦夢錄　唐、沈亞之撰。自敘夢入秦，佐西乞伐西河，下五城。居久之，秦穆公女弄玉婿蕭史先死，拜亞之爲左庶長，尙公主，後公主卒，穆公遣亞之歸。

二、俠義類

1 謝小娥傳　唐、李公佐撰。寫謝小娥父，與其夫，同舟經商，爲大盜申春所殺，後謝小娥傭保於江湖間，乘機殺申蘭擒申春於潯陽。

2 無雙傳　唐、薛調撰。寫王仙客與其舅劉震之女無雙熱戀，後遭兵變分離，無雙入掖庭，賴古押衙之助，使無雙服秘藥而死。盜其尸出，三日後復活。使仙客與無雙遁西蜀以終。古殺仙客僕塞鴻，然後自殺，以示滅口。爲明、陸採劇曲明珠記所本。

3 上清傳　唐、柳埕撰。寫貞元中相國竇參爲陸贄所陷。上清爲竇相國靑衣，沒入掖庭，常侍帝左右，乘間爲相國剖寃，德宗乃下詔雪賓參寃，後上清爲女道士，嫁金忠義爲妾。

4 楊娼傳　唐、房千里撰。寫楊娼歸嶺南帥甲，遭悍妻之石，北歸，後帥死，娼以身殉。

5 紅線傳　唐、袁郊撰。亦題楊巨源撰。寫潞州節度使薛嵩的青衣紅線，盜魏博節度使金盒，復歸還之。以解潞州節度使之危。爲明梁辰魚劇曲紅線記所本。

6 聶隱娘　唐、裴鉶撰。寫劍客聶隱娘夫婦，事魏帥，奉命殺劉昌裔、昌裔仁厚，隱娘不忍，乃歸之。魏帥復遣妙手空空兒往，一擊不中而去。

7 虬髯客傳　唐、杜光庭撰。寫李靖遇歌女紅拂，後又遇虬髯客，虬髯客識李世民爲英雄，不與爭衡，自建國於南蠻。爲明張鳳翼劇曲紅拂記所本。

8 柳氏傳　唐、許堯佐撰。寫韓翃友人，以美姬柳氏贈翃。及安史亂起，二人分離，柳氏削髮爲尼，後爲蕃將沙吒利所劫，義士許俊復劫柳氏歸翃。元人喬吉雜劇金錢記，及明人梅鼎祚的玉合記張四維的章臺柳兩個傳奇，都本此。

9 霍小玉傳　唐、蔣防撰。寫李益由鮑十一娘的介紹，識一婢女霍小玉，一見傾心，作白頭盟。及益登科顯達，別娶盧氏，後由黃衫豪士，引益至玉家，玉罵益負心，號哭而絕。爲明湯顯祖劇曲紫釵記，紫綃記所本。

三、豔情類

1遊情窟　唐、張鷟撰。敘鷟奉使河源，途中夜投大宅，與十娘及五嫂相宴樂，留宿而去。此書唐時失傳，日本有流行本，今日復得翻印。

2離魂記　唐、陳元祐撰。寫張鎰以幼女倩娘，字甥王宙，後又毀約，宙憤去。倩娘私奔，與宙遁蜀，後生二子。倩娘思家歸省，宙亦同往，時倩娘臥病閨中已數年，二女相見合爲一體，終老於家，二子均顯達。爲元鄭光祖劇曲倩女離魂所本。

3李娃傳　唐、白行簡撰。寫巨族子，溺於長安娼女李娃，以致流爲乞丐，後爲娃所拯救，生發憤讀書，登甲科，官至參軍，迎李娃成夫婦。爲元、石君寶劇曲，曲江記，明薛近劇曲繡襦記所本。

4長恨歌傳　唐、陳鴻撰。寫楊貴妃，自入宮以至死馬嵬，及玄宗訪尋楊妃神魂事。爲元、白樸劇曲梧桐雨，明、屠隆劇曲綵毫記，清洪昇長生殿傳奇所本。

5鶯鶯傳　又名會眞記，唐、元稹撰。寫張生與鶯鶯戀愛故事。爲元、王實甫劇曲西廂記，關漢卿劇曲續西廂記所本。

6步飛煙傳　唐、皇甫枚撰。寫武公業愛妾步飛煙，戀鄰人趙象，事發，爲公業鞭楚流血，飲水而死。

7揚州夢記　唐于鄴撰。寫杜牧遊湖州，戀一豔女，約十年後來娶，及牧任湖州刺史，女已嫁人生子。爲元、喬吉劇曲揚州夢所本。

第六節　五代俗文小說

一九〇七年，墩煌石室發現五代人所鈔之俗文小說四種，唐太宗入冥記。孝子董永傳，秋胡小說，伍員入吳故事，大抵用白話文寫成，惟殘缺太多，僅存片斷。

第七節　宋代小說

明胡應麟筆叢云：「宋人所記，多近實，而文彩無足觀」。魯迅評宋小說云：「其文平實簡率，既失六朝志怪之古質，又無唐人傳奇之纏綿」。宋代小說，雖仍有志怪與傳奇的寫作，但已呈中衰之象。在文章上的成就，則遠不及六朝與唐代。所以宋人乃不得不另闢蹊徑，平話乃應運而生。平話是民間白話小說，由貴族的文言文藝，轉變到平民的通俗文藝，這是很值得注意的。

宋代小說的分類

一、志怪類

北宋吳淑的江淮異人錄三卷。張君房的乘異記三卷。陳彭年的志異十卷。秦再思的洛中記異，聶田的祖異志十卷。張正思的括異志十卷。畢仲詢的幕府燕聞錄一卷。這些小說，大都記述異聞怪說，也大抵散佚，遺文見他書。至於南宋的志怪作家則有郭象的睽車志五卷，用易睽卦，載鬼一車之義，記建炎、紹興、乾道、淳熙間，鬼神幻誕傳說。洪邁的容齋隨筆七十四卷，其中的堅夷志。雜錄仙鬼諸事。此外李昉等奉太宗諭，修太平廣記，分五十五部，所採書三百四十五種，多談神怪異事，上起漢魏下迄五代，成爲小說總集，凡亡佚之小說，或可由此書考見。

二、傳奇類

1 綠珠傳　樂史撰。凡一卷。寫綠珠，爲石崇所寵，殉情故事。

2 楊太眞傳　樂史撰，凡二卷。寫玄宗懷念楊妃故事。

3 趙飛燕傳　秦醇撰。寫趙后入宮，引援其妹爲昭儀，二人色傾後宮，趙后淫蕩詭詐，昭儀以春藥弒帝，並殺宮人孕子，後爲太后逼死，化爲大黿。

4 譚意歌傳　秦醇撰。寫譚意歌流落長沙爲娼，熱戀茶官張正字，生一子。正字迫於母命別娶孫氏，意歌買田課子，矢志不渝，及孫氏歿，正字迎意歌歸，又生一子登進士，夫婦偕老。

5 溫泉記　秦醇撰。寫張兪二次過驪山下，遇楊妃，詢及人間事，並賜浴溫泉，及覺乃是一夢，因題詩於驛，後作郊遊。有牧童送楊妃酬和詩來。

6 流紅記　張實撰。唐僖宗時，于佑於御溝中，得宮中題詩的紅葉，佑亦以紅葉題詩流入宮中。後三千宮人得罪，遣出嫁人。韓泳介紹一韓夫人於佑。韓氏於佑書笥中，見題詩紅葉，驚爲已作，乃亦出所藏紅葉示佑，佑視爲己題，驚歎者久之。

7王幼玉記　柳師尹撰。寫柳富戀一妓王幼玉，以詩詞酬答，後富未能踐幼玉之約，幼玉思富得疾死，神魂往見富，告以遺物在侍兒處，待富往取。

8李師師外傳　作者不詳。寫徽宗幸師師，後師師爲金人所擄，吞簪而死。此爲宋人傳奇傑出者。

三、平話類

1平話的起源　平話二字始於宋。爲當時小說之通稱。同時又有「說話」「說話人」「話本」等名稱。所謂說話，就是說書。說話人，就是說書人。話本，就是說書人所用的書本。在各大都市及城鎮的書場裏，就有說書人，在那裏說書。至於平話的起源，可追溯到五代人所鈔的俗文小說四種，那四種俗文小說，含有極濃厚的白話文成分，雖片斷不全，然亦可窺其一斑。

2平話的種類　平話在宋代，有許多種類，孟元老的東京夢華錄、吳自牧的夢粱錄，周密的武林舊事，灌園耐得翁的都城紀勝所載，大致相同，惟都城紀勝未列諢話一種。茲綜合各家之說，如下表。

▲小說（銀字兒）
- 煙粉　靈怪，傳奇。
- 說公案　扑刀桿棒及發跡變態之事。
- 說鐵騎兒　士馬金鼓之事。

▲說經　演說佛書。

▲說參請　賓主參禪悟道等事。

▲說諢話　笑話。

3 話本之種類

▲京本通俗小說　此爲短篇小說，作者及原卷數不可知。今存第十至十六卷。共七篇。①碾玉觀音，寫紹興間。崔寧與秀秀熱戀，崔寧被逐，秀秀被殺，魂隨崔寧爲夫婦終得報仇。②菩薩蠻，寫紹興間，靈隱寺僧陳可常，以工菩薩蠻詞，見寵於郡王，後被誣與侍女通姦被殺。③西山一窟鬼，寫紹興間，吳洪娶鬼妻，賴眞人作法驅除，吳洪出家修道。④志城張主管，寫開封張員外妾，愛主管張勝，勝不爲動。妾曾盜王招宣府一串數珠，後事發畏罪自殺，妾鬼魂將數珠交張勝，勝還之張府，員外得以免罪。⑤拗相公，寫王安石新法害民，罷相往江寧途中，百姓對彼痛恨情況。⑥錯斬崔寧，寫高宗時，劉貴妻與崔寧被誣殺人，判死刑。後終得昭雪。⑦馮玉梅團圓，寫范希周馮玉梅夫妻二人，悲歡離合事。⑧以上共七篇。又有金虜海陵王荒淫一卷，云出葉德輝所刋影宋京本通俗小說的二十一卷。

▲大唐三藏取經詩話　一名大唐三藏取經記，爲宋人作品。凡三卷十七章，每章均有詩，故稱爲詩話。中國章回小說胚胎於此。記唐三藏西方取經，途中所遇妖魔故事。此

書是西遊記的根據。

▲梁公九課　爲北宋人作。寫狄仁傑苦諫武后廢廬陵王事。卷首有范仲淹的「唐相梁公碑文」作於明道二年。可知此書作於明道二年以後。

▲新編五代史話　北宋人作。凡十卷。分梁唐晉漢週史平話，每代二卷。梁漢兩代，皆缺下卷。周代末尾亦不全。今所存者，爲殘本。

▲大宋宣和遺事　爲南宋人作品。全書共十集。①從堯舜敘起，寫歷代帝王之荒淫。②寫王安石變法害民。③敘王安石薦蔡京入朝，及童貫蔡攸等巡邊。④敘梁山濼聚義本末。⑤敘徽宗幸李師師家。⑥敘道士林靈素的進用。⑦敘臘月預賞元宵，及元宵看燈盛事。⑧敘金兵攻陷京師。⑨敘徽欽二帝蒙塵。⑩敘高宗定都臨安。其中二三八九十節爲文言，餘爲白話。明高孺的百川書志云：「宣和遺事二卷，雖宋人所記，辭近瞽史，頗傷不文」。

第八節　元代小說

元代小說，因受宋人話本的影響，亦爲白話文。講述歷史故事，鋪張渲彩，動人心魄，元人借以自娛，漢人假以寄意。這時期的小說，以講史爲主，同時也是章回小說的發軔時期。

元代歷史小說

一、平話五種 元代小說，在至治年間，刋有全相平話五種。1武王伐紂書三卷。2樂毅圖齊七國春秋後集三卷。3秦併六國秦始皇傳三卷。4呂后斬韓信前漢書續集三卷。5三國志三卷。此五種平話作者均不可考。文章粗淺，蓋專爲蒙古人讀物。

二、水滸傳 水滸傳的作者，說法不一，明胡應麟以爲元人施耐庵作。郎瑛、王圻、田汝成，以爲羅貫中作。李卓吾以爲施耐庵集撰，羅貫中纂修。金聖歎以爲施耐庵作到七十回，羅貫中續之。這大概是施撰述，羅潤色，非出一人之手，所以或稱施作羅編。水滸傳是描寫梁山泊英雄故事，根據史實，採擷民間傳說，以構成的。宋史載：「宋江三十六人橫行齊魏，官軍數萬，莫敢抗者」。大宋宣和遺事。已敘及梁山泊三十六人故事。水滸傳已增至一百零八人。胡應麟云：「排比一百八人，分量輕重，纖毫不爽」。金聖歎譽爲天下奇書，均不爲過。流行的版本，有一百回本。一百十回本。一百十五回本。一百二十回本。一百二十四回大。以金聖歎刪改的七十回本，流行最廣。

三、三國志演義 爲羅貫中作。羅貫中名本，元、武林人，或作廬陵人東原人。相傳爲施耐庵門人。三國故事的演述，唐宋已開其端。李商隱驕兒詩：「或謔張飛胡，或笑鄧艾吃」。東坡志林：「小兒聽說三國事，聞劉玄德敗，頻蹙眉，有出涕者，聞曹操敗，則喜躍暢快」。宋代說話中，亦有說三分的節目。羅本以陳壽三國志裴注爲藍本。參以唐宋小說，成此三國志演義。抑曹揚劉寓褒貶之意。三國志演義最古版本，爲明孝宗弘治年間所刋，全書二四卷，每卷十回，共二百四十回。清初毛宗岡，刪爲一百二十回。羅氏所著小說，又有隋唐志傳，殘唐五代史義，三遂平妖傳等行於世。

第九節　明代小說

中國的白話小說，孕育於五代，茁壯於宋元，成熟於有明。宋人的話本，除京本通俗小說外，大都是文白夾雜，由說書人，說給民眾聽。明人小說，則不用文言句子，用純熟的白話文寫出來，給民眾自己看，使文學對民眾直接發生效用，所以明代爲白話小說成熟時期。

明代小說的分類

一、歷史小說

1 開闢演義　周游編。敘自開天闢地，至武王伐紂止。

2 盤古唐虞傳十四回。有夏志傳十九回。有商志傳十二回。大隋志傳四十六回。以上四種，是否爲鍾惺撰不可考。

3 列國志傳　余邵魚撰。八卷。

4 全漢志　相傳爲熊鍾谷撰。十二卷。

5 西晉演義及東晉演義，作者不詳。

6 唐書演義　熊鍾谷撰。八卷。

7唐書演義八本，隋唐兩朝志傳一百二十回，林瀚撰。而唐書演義係就熊本擴充而成。

8隋唐遺文　袁於令編。六十回。

9南北兩宋志傳二十卷，大宋中興通俗演義八十回傳爲熊鍾谷撰。

二、神魔小說

1西遊記　吳承恩撰。今通行者，爲一百回本。承恩字汝忠，號射陽山人，淮安山陽人，世宗嘉靖貢生。所著西遊記，寫唐玄裝西域取經故事，爲寓言神魔小說，以孫悟空比喻道心，以豬八戒比喻耳目鼻舌，耳目好聲色，鼻舌嗜甘旨，有道心以爲之主，則可以制慾而免禍。孫悟空制豬八戒，亦猶道心之主宰耳目鼻舌。其文詞微而顯，旨博而深。實爲不朽之作。

2續西遊記　一百回。己散佚。

3後西遊記　作者不詳。凡四十回。倣西遊記而作。

4西遊補　明遺民董說撰。凡十六回。董字若雨，號俟庵，烏程人。明亡削髮爲僧。此書之作，蓋欲插入孫悟空「三調芭蕉扇」之後，故曰補。文多諷刺貶抑，寄黍離之悲。

5四遊記　爲四種神魔小說之總稱。①東遊記，蘭江吳元泰著。原名上洞八仙傳，共二卷，五十六回。敘鐵拐李、鍾離權、呂洞賓、韓湘、曹友、藍采和、何仙姑，張果老，八仙得道事。②南遊記，余象斗著。亦名五顯靈光大帝華元天王傳，共四卷，十八回。述華光出世，地獄尋母而皈佛道之事。③北遊記。余象斗編。亦名北方眞武玄天上帝出身志傳，凡四卷，二十四回。述玉帝下凡爲劉氏之子，歷盡刧數，復爲天帝。④西遊記，楊志和編。似爲吳本的節縮本，寫孫悟空得道，助唐僧取經事。

6封神傳　許仲琳撰。百回凡二十卷。根據元人。武王伐紂的平話本，再穿挿釋道神仙的故事，成此虛幻神魔小說。

7西洋記　羅懋登撰。亦名三寶太監西洋記通俗演義，一百回，凡二十卷。寫鄭和王景宏等，於永樂三年通使西洋，大船六十二艘，士卒二萬七千八百人，先後凡七次，經歷三十餘國。所敘雖係史實，然多侈談神怪。蓋模仿西遊與封神傳而成。

三、淫穢小說

1金瓶梅　作者不詳。一百回凡二十卷。萬曆丁巳，欣欣子金瓶梅詞話序云：「蘭陵笑笑生，作金瓶梅傳，寄意於時俗，蓋有謂也」。足證此爲萬曆間作品，但笑笑生爲何人，仍不可知。沈德符的野獲編云：「聞此爲嘉靖間大名士手筆」。遂有疑爲王世貞者。謂世貞之父忬死於嚴世蕃，世貞作是書，以毒藥漬書角，進世蕃以毒殺之。而寒花盦隨筆云：「所毒者非世蕃，乃唐荊川」。要之，出於附會：本無可徵。此書以水滸西門慶潘金蓮的故事做線索，取潘金蓮、李瓶兒、春梅、三主角之名爲書名。筆鋒恣横酣暢，描寫淫行，繪聲繪形，各極其妙。雖曰有醒世寓意，而性的誘惑，功不補過，久已列爲禁書。至其在文學上的成就，是不能否認的。

2 玉嬌李　玉嬌李與金瓶梅，同時出世。沈德符野獲編云：「袁中郎云：此亦出名士手」沈氏又云：「僅讀卷首而穢黷百端，幾不忍讀」。此蓋淫穢小說之尤者。此書明時已不傳。

3 續金瓶梅　紫陽道人丁耀亢撰。凡六十四回。丁字西生，號野鶴，山東諸城人。所著續金瓶梅，闡述佛家因果報應之說。

4 隔簾花影　作者不詳。又名三世報。凡四十六回。敘金人陷汴京，西門慶一家流離，妻妾淫蕩之事。描寫頗淋漓盡致。

四、短篇小說集

1 古今小說　馮夢龍就古今名人演義一百二十種，選四十種，編爲古今小說。馮字猶龍一字子猶，吳縣人。崇禎貢生知壽寧縣，明亡殉難。

2 三言　爲馮夢龍，收集宋元明人作品翻刻而成。三言爲喻世明言二十四篇。警世通言四十篇。醒世恆言四十篇。而喻世明言二十四篇，係取古今小說之二十一篇，警世通言之一篇，醒世恆言的兩篇而成。而古今小說四十篇，與通言和恆言兩集八十篇，無一重複者。

3 二拍　兩拍，爲拍案驚奇一刻，與拍案驚奇二刻之總稱。爲凌濛初的創作。凌字玄房號即空觀主人，烏程人。初刻存三十六篇，刊於天啓七年。二刻共四十篇，內有雜劇一篇，刊於崇禎五年。初刻涉淫穢，二刻則談鬼神事。

4今古奇觀　崇禎末，抱甕老人，由三言兩拍選刻四十卷爲今古奇觀，一篇爲一卷。所選均爲精彩者，流行頗廣。

五、言情小說　言情小說盛於明末清初，描寫才子佳人戀愛，雖遭遇困厄，然終能達到美滿的團圓。與淫穢小說迴不相侔。

1玉嬌梨，作者不詳。凡二十回。又名雙美奇緣，敘蘇友白＊與白紅玉及盧夢梨，戀愛故事。有德文法文譯本。

2平山冷燕　題爲荻岸山人編次。凡二十回。寫山黛嫁燕白頷，冷絳雪嫁平如衡的故事。有法文譯本。

3好逑傳　題爲名教中人編次。一名俠義風月傳，凡十八回。寫才子鐵中玉與佳人冰心的婚姻，幾經波折終告團圓的故事。英法德文均有譯文。

第十節　清代小說

明清爲章回小說極盛時代，明偏於神魔與淫穢。清則多爲言情諷刺與武俠，而魏、晉、唐的筆記小說，和傳奇，也在此時復活。凡佳人才子鬼魔俠士，社會生活，政治動態，無所不寫，無所不包。小說取材的範圍擴大，小說的產量加多，爲清代文壇。放一光彩。

清代小說分類

一、言情小說

1 紅樓夢 曹雪芹撰。凡一百二十回。曹名霑，一字芹圃。是八旂的世家子弟，祖寅及父頫，在康雍間，先後爲江寧織造，備極寵渥。雍正間，頫卸任回北京，家道中衰，雪芹生活陷於困窮，寓北京僧寺，啜粥度日。宗室懋齋與敬亭素善雪芹，懋齋有詩云：「燕市哭歌悲遇合，秦淮風月憶繁華」。敬亭詩云：「勸君莫彈食客鋏，勸君莫叩富兒門，殘杯冷炙有德色，不如著書黃葉村」。據此可知紅樓夢乃雪芹回憶之作，而說者，紛然索此書之主人皆出於附會，似難置信。據胡適兪伯平的考證，雪芹寫至八十回，後四十回爲高顎續。時人曹尤中君從書中找到直接的證據，證明後四十回確是曹氏的眞殘稿。全書以賈寶玉林黛玉兩人作線索，以表現貴族家庭主奴毀滅的悲劇。此書又別名石頭記，情僧錄，風月寶鑑，十二釵，金玉緣。紅樓夢續者頗多，歸鋤子的紅樓夢補，從八十一回續起。無名氏的紅樓幻夢，從九十七回續起。至於從一百二十回續起的：有託名曹雪芹的後紅樓夢，無名氏的紅樓後夢，秦子忱的續紅樓夢，小和山樵的紅樓復夢，蘭　主人的紅樓重夢，無名氏的紅樓再夢，瑯環山樵的補紅樓夢，增補紅樓夢，雲槎外史的紅樓夢影，臨鶴山人的紅樓圓夢，無名氏的鬼紅樓夢等。這些續書，大都以寶玉黛玉團圓作結。不脫俗套，似無足觀。

2 燕山外史 陳球撰。陳字蘊齋，浙江秀水人，爲諸生。所著燕山外史，爲四六文，三萬一千餘字。寫竇繩祖與李愛姑悲歡離合事。

二、神怪小說

1 聊齊志異　蒲松齡撰。凡四百三十一篇。蒲字留仙，號柳泉，山東淄川人。清歲貢。以著聊齋享盛名。以帶有情感的筆鋒，寫神鬼狐魅的故事，描寫細膩，傳神逼眞，意存諷刺，不失敦厚之旨。

2 醒世姻緣傳　題西周生著。據胡適的考證，西周生就是蒲松齡。但據時人王素存君考證，西周生爲諸城丁耀亢。此書長一百萬字，鋪敘一個兩世姻緣的果報

3 閱微草堂筆記　清河間紀昀撰。凡二十四卷。成於乾隆嘉慶間。灤陽消夏錄六卷。如是我聞四卷。槐西雜誌四卷。姑妄聽之四卷。灤陽續錄六卷。偏於說理，不事藻繪。與聊齋風格異。

4 新齊諧　袁枚撰。一名子不語，凡二十四卷，又續集十卷。袁字子才，號隨園，又號簡齋。此書爲述志怪之作。

5 綠野仙踪　李百川撰。凡一百囘。李生平不詳。敘冷於冰與弟子，出家修道之經過，並敘及降妖除怪等事。

6 女仙外史　呂熊撰。凡一百囘。呂字文兆號逸田叟，吳人。敘明初妖婦唐賽兒造反故事。

7 嬋史　屠紳撰。凡二十卷。屠字笏嚴，號賢書，別署黍餘裔孫，蟫史署磊砢山人，江陰

人。此書敘閩人桑燭生，得天書協助甘鼎，平交趾事。所敘多神異。文筆超拔，爲人所激賞。

三、社會小說

1 儒林外史　吳敬梓撰。凡五十卷。吳字敏軒，一字文木，安徽全椒人。清諸生，乾隆初舉鴻博不赴。工詩賦援筆立就。此書後又有六十回本，五十六回本及五十五回本。蓋爲後人所增益。冷眼觀世人，寓怒罵於嬉笑，諷刺當時的士大夫，是極成功的作品。

2 鏡花緣　李汝珍撰。凡一百回。李字松石，直隸大興人。此書對詩音韻，都有發揮。對中國的迷信，及不良的社會制度，都有所諷刺，反對女子纏足，提倡男女平等，尤具卓見。

3 野叟曝言　夏敬渠撰。凡一百五十四回。夏字懋修，號二銘，江蘇江陰人。爲諸生，一生不得志，作此書以寄意，有虛構，有史實。凡談經、論史、教孝、勸忠、以及兵詩醫算，講儒學，闢佛老，包羅極廣。頗能發揮儒家的人生觀。

4 官場現形記　李寶嘉撰。李字伯元號南亭亭長，江蘇武進人。著有庚子國變彈詞，李蓮英、海天鴻雪記，繁華夢，活地獄，文明小史等書。此書寫晚清捐官制度下，官場的腐敗。下自胥吏，上至大臣，無不刻劃入微，頗極諷刺詼諧之能事。當時流行頗廣。

5 二十年目睹怪現狀　吳沃堯撰。吳字小允，又字繭人，後改研人，自號我佛山人，廣東南海人。所著小說甚夥。以電術奇談，九命奇寃，二十年目覩怪現狀三種爲有名。此書，係記二十年來，所見所聞，種種奇形怪事，描寫極爲深刻。宣統二年，又續成近十年目覩怪現狀。翌年卒於上海。

6老殘遊記　劉鶚撰。劉字鐵雲，別署洪都百鍊生，江蘇丹徒人。此書描寫當時的政治社會狀況。所寫風景人物，都極細膩傳神，頗能吸引一般讀者。

7孽海花　曾樸撰。曾字孟樸，號籀齋，別號東亞病夫。江蘇常熟人。清舉人。光緒三十二年，作孽海花，以名妓傅彩雲，狀元洪鈞的風流韻事作線索，描寫清末政治外交，及社會的各種情態，組織縝密，文筆清麗，寫作技巧，極爲進步。

四、伶伎小說

1風月夢　題邗上蒙人作。凡三十二回。敘袁猷、陸書、吳珍、魏璧、賈銘、冶遊揚州，及妓女們不幸的遭遇。

2花月痕　魏秀仁著。凡五十二回十六卷。魏字子安，一字子敦，福建侯官人。此書題鶴眠主人編次。敘韋癡珠戀名妓劉秋痕，韓荷生戀名妓杜采秋。後癡珠死，秋痕自縊死。荷生顯達，至於封侯。采秋封一品夫人。此乃秀仁借小說，以自寫其身世，文極哀豔。世人稱之。

3青樓夢　俞達撰。凡六十四回。俞字吟香，號慕眞山人，江蘇長洲人。此書。寫吳中妓女風韻艷史，妓女三十六人，皆實有其人，惟雜以神仙之說，有近妄誕。

4 海上花列傳　韓邦慶撰。凡六十四回。韓字子雲號太仙，又自署大一山人，或稱花也憐儂。江蘇松江人。此書用蘇州語寫成。敘趙樸齋與二寶淪落上海，惡劣的遭遇。所寫人物，個性鮮明，栩栩如生。

五、俠義小說

1 後水滸傳　陳忱撰。凡四十回。係續百回本的水滸傳。題古宋遺民著，雁岩山樵評。陳字遐心，號雁岩山樵，浙江湖州南潯人。明亡與歸莊顧炎武結詩社，誓不仕清，身雖隱，而名益彰。生平著述，多佚失，僅存此書。敘宋江死後。梁山泊的豪傑，勤王救國，混江龍李俊，率眾到暹羅國做國王的故事。

2 結水滸傳　俞萬春撰。凡七十回，結子一回。又名蕩寇志，係結七十本的水滸傳而作。俞字仲華，別號忽來道人。此書寫宋江不歸順皇室，而被殲滅。

3 兒女英雄傳　亦名金玉緣。費莫文康撰，題燕北閒人著。凡五十三回。今殘存四十回。文康字鐵仙，滿洲紅鑲旂人，累世富貴，晚年家貧，陷於窮愁。作此書以寄懷。敘何玉鳳除暴的俠義，及嫁孝子安驥的故事。

4 三俠五義　石玉崑撰。原名忠烈俠義傳，凡一百二十回。石為咸豐間說書人。此書以清人龍圖包公案為藍本，以幾位俠士為主角，借包公故事為線索。寫得活躍生動。三俠為南俠展昭，北俠歐陽春、雙俠丁兆蘭丁兆蕙、所謂三俠，實爲四俠。

5 七俠五義　俞樾以三俠五義的貍貓換太子事屬妄誕。乃據史傳訂正俗說，改作第一回。以書中原有的四俠，再加艾虎，智化及沈仲元共爲七俠名曰七俠五義。

6 小五義及續小五義　石玉崑撰。各一百二十回。小五義敘襄陽王謀反，俠士探其隱事的故事。續小五義，敘大破銅網陣爲白玉堂報仇，擒獲襄陽王、明正典刑。眾俠義受封賞。

7 施公案奇聞　敘施世綸斷獄事。續施公案則注重俠義人物的描述，二書文字頗拙劣。

8 彭公案　題貪夢道人作。一百回凡二十卷。敘彭朋爲政，公正廉明，得俠士之助。破獲各種巨案。文字亦甚平庸。

跋

葛一民先生，精治國學，功力湛純，好之、樂之、進無止境。執教數十年，孜孜不輟，提攜後進，不遺餘力，蓋學而不厭，誨人不倦者也。教授之暇，以其心得，著國學發凡一書，內分：經、史、子、理、文章、詩歌、詞曲、戲劇、小說等十篇。提綱挈領，要而不煩，條分縷析，一目瞭然。使汗牛充棟之諸家巨著，濃縮於几頭案上，誠為研究國學之津粱也。嗚呼信道不篤，厭故喜新，舍本逐末，見異思遷，國學之不講也久矣！道在邇，而求諸遠，事在易，而求諸難。苟能人具信心，心具誠意，則固有文化道德之恢復，猶反掌也。先生之書一出，莘莘學子，果能人手一編，循序而進，由淺入深，由簡人精，則國學之昌明，指顧間事耳。發揚文化，承先啓後，其影響於社會人羣者，豈可以道裡計哉？

中華民國五十八年四月諸城王子居謹跋

中華語文叢書

國學發凡

作　　者／葛勤修　撰
主　　編／劉郁君
美術編輯／鍾　玟

出 版 者／中華書局
發 行 人／張敏君
行銷經理／王新君
地　　址／11494 台北市內湖區舊宗路二段181巷8號5樓
客服專線／02-8797-8396　　傳　　真／02-8797-8909
網　　址／www.chunghwabook.com.tw
匯款帳號／兆豐國際商業銀行　東內湖分行
　　　　　067-09-036932　中華書局股份有限公司

法律顧問／安侯法律事務所
印刷公司／維中科技有限公司　海瑞印刷品有限公司
出版日期／2017年9月五版
版本備註／據1982年11月四版復刻重製
定　　價／NTD 350

國家圖書館出版品預行編目（CIP）資料

國學發凡 / 葛勤修撰. — 五版. — 臺北市 :
中華書局, 2017.09
面 ; 公分. —（中華語文叢書）
ISBN 978-986-95252-3-7(平裝)

1.漢學

030　　106013180

NO.H2091
ISBN 978-986-95252-3-7（平裝）